Pubertät

Gerlinde Grübl-Schößwender

Pubertät

Chaos und Konflikt ohne Ende oder

Aufbruch und Chance?

Online-Material zu diesem Buch finden Sie unter www.lebensbegleitung.at oder www.familienbegleitung.at

Bibliografische Information der Deutschen Nationalbibliothek: Die Deutsche Nationalbibliothek verzeichnet diese Publikation in der Deutschen Nationalbibliografie; detaillierte bibliografische Daten sind im Internet über http://dnb.dnb.de abrufbar.

Das Werk einschließlich aller seiner Teile, auch des Online-Materials, ist urheberrechtlich geschützt. Jede Verwertung außerhalb der engen Grenzen des Urheberrechtsgesetzes ist ohne Zustimmung des Verlags und der Autorin unzulässig und strafbar. Das gilt im Besonderen für Vervielfältigungen, Übersetzungen, Mikroverfilmungen und die Einspeicherung und Verarbeitung in elektronischen Medien und Systemen.

Trotz sorgfältiger Manuskripterstellung können Fehler nicht völlig ausgeschlossen werden. Infolgedessen übernehmen weder der Verlag noch die Autorin, ausdrücklich oder implizit, Gewähr und Verantwortung und keine daraus folgende oder sonstige Haftung für den Inhalt des Werkes und daraus abgeleiteten Handlungen.

2., aktualisierte Auflage, Juni 2021

© 2021 Gerlinde Grübl-Schößwender, Verlag: BoD

Abbildung am Buchumschlag: © Clemens Mayer, www.mayermakes.at

Herstellung und Verlag: BoD – Books on Demand, Norderstedt

ISBN: 978-3-7412-3753-9

Inhalt

Editorial 9
Vorwort 11

1 Erziehungserfahrungen und eigene Erziehungshaltung 15
   1.1 Fragen zur eigenen Pubertät 16
   1.2 Fragen zur Pubertät der Tochter/des Sohnes 19
   1.3 Die größten Unterschiede anhand des Vergleiches
       „Eigene Pubertät" und „Pubertät meines Kindes" 21
   1.4 Die häufigsten Ergebnisse aus Elternbildungsveranstaltungen . 22

2 Erziehungsziele 23
   2.1 Rechte und Pflichten nach Erreichen der Volljährigkeit 23
   2.2 Persönliche Erziehungsziele 24
   2.3 Die häufigsten Ergebnisse aus Elternbildungsveranstaltungen . 26

3 Erziehungsstile 27
   3.1 Arten von Erziehungsstilen 27
   3.2 Erziehungsstil und Selbstwertgefühl 30

4 Entwicklungsaufgaben und Chancen von Kindern und Jugendlichen 31
   4.1 Umgang mit und Akzeptanz von unterschiedlichen Entwicklungsverläufen 31
   4.2 Umgang mit und Akzeptanz von körperlichen Veränderungen. 34
   4.3 Umgang mit und Akzeptanz von psychologischen Veränderungen 46
   4.4 Aufbau eines neuen Selbstkonzepts 49
   4.5 Neue und reife Beziehungen zu Gleichaltrigen entwickeln 49
   4.6 Veränderung der Beziehung zu den Eltern gestalten 52
   4.7 Gewinnung emotionaler Unabhängigkeit von Erwachsenen 55
   4.8 Verantwortung für das eigene Handeln und Verhalten übernehmen 56
   4.9 Herrschaft über sein inneres System bekommen 59
   4.10 Aufbau eines Wertesystems 60
   4.11 Entwicklung eines sozial verantwortungsvollen Verhaltens 61
   4.12 Entwicklung von Perspektiven für die Zukunft 61
   4.13 Entwicklung weiterer Lebenswelt- und Schlüsselkompetenzen 63
   4.14 Zusammenfassung 65

5 Entwicklungsaufgaben und Chancen von Eltern 67
   5.1 Vorbild sein und bleiben 67
   5.2 Unterstützende, förderliche Haltung einnehmen 68
   5.3 Die Entwicklung Richtung Selbstständigkeit und Selbstverantwortlichkeit fördern und gutheißen 69
   5.4 Reibebaum sein 70
   5.5 Sicherheitsnetz sein 71
   5.6 Unterstützungsleistungen bei der Berufsfindung 71
   5.7 Die eigenen Werte hinterfragen und überprüfen 72
   5.8 Die eigenen Kommunikationstechniken hinterfragen und weiterentwickeln 74
   5.9 Die eigenen Konflikt- und Problemlösetechniken hinterfragen und weiterentwickeln 78

5.10 Umstrukturierung und Neuordnung der Beziehung akzeptieren 82
5.11 Eigene Lebensperspektiven weiterentwickeln 83

6 Die größten Herausforderungen für Eltern 85
6.1 Grenzen setzen 85
6.2 Nutzung von elektronischen Medien 91
6.3 Aggressivität 92
6.4 Lernprobleme 93
6.5 Ordnung halten 94
6.6 Geschwisterstreit 95
6.7 Mobbing 98

7 Bewältigungsstrategien 105
7.1 Wissenserweiterung 106
7.2 Professionelle Hilfe 107
7.3 Kompetenzverbesserung 108
7.4 Prioritäten setzen 108
7.5 Perspektivenwechsel 110
7.6 Aggressionsabbau 112
7.7 Entlastungsübungen 113
7.8 Bewegung und Sport 114
7.9 Kommunikationsmöglichkeiten nutzen 114
7.10 Weitere Bewältigungsstrategien 115

Nachwort und Ausblick 117
Literatur 119
Über die Autorin 121

Editorial

Liebe Leserin, lieber Leser!

Das vorliegende Buch ist das zweite Buchprojekt des Vereins für Familienbegleitung, welcher im Jahr 2008 in Baden bei Wien, Österreich, gegründet wurde.

Was uns verbindet ist die Überzeugung, dass die Menschenrechte, Toleranz, Respekt, wechselseitige Achtung, Wertschätzung und Anerkennung Prinzipien sind, die ein friedvolles Zusammenleben ermöglichen.

Bildung für alle ist für uns ein Weg, um dieses friedvolle Zusammenleben zu verwirklichen. Die ersten grundlegenden Bildungsprozesse finden in der Familie statt. Lebensweltliche und institutionalisierte Bildung haben für uns den gleichen Stellenwert. Spezifisch erworbene Lebensführungskompetenzen sind ebenso wichtig und wertvoll wie Abschlusszeugnisse von Institutionen.

In diesem Sinne entstand auch dieses Buch. Ihnen liebe Leserin, lieber Leser, wünsche ich eine gute Lektüre!

Karl Garnitschnig

Univ. Prof. Dr. phil. Karl Garnitschnig
Wissenschaftlicher Berater und Vorstandsmitglied
des Vereins für Familienbegleitung

Vorwort

Liebe Eltern und Stiefeltern, liebe Leserin und lieber Leser!

Herzlich willkommen! Es freut mich, dass Sie sich die Zeit nehmen, um etwas über die Entwicklung Ihrer neun- bis fünfzehnjährigen Kinder und Jugendlichen und natürlich auch über die Umbrüche, die auf Sie zu kommen, zu erfahren. Mein Studium, unzählige Seminar- und interaktive Vortragsreihen, Beratungen in meiner Praxis, daraus resultierende Elternfragen und meine Tätigkeit über viele Jahre in der außerschulischen Kinder- und Jugendarbeit, als Lehrerin sowie persönliche Erfahrungen durch die Erziehung meiner Tochter und meines Sohnes sind die Grundlage dieses Buches. Ich hoffe, dass es Ihnen hilft, Ihre heranwachsenden Kinder und Jugendlichen zu verstehen, aber auch ihren eigenen Werdegang und die Entwicklungsschritte, die nun vor Ihnen stehen, wahr zu nehmen, um diese Umbruchzeit positiv zu gestalten. Sie stehen in jeder Hinsicht vor neuen Herausforderungen.

Im Buch geht es zunächst um die eigenen Erziehungserfahrungen und die damit in Zusammenhang stehende eigene Erziehungshaltung. Erziehungsziele und Erziehungsstile bilden die Grundlagen. Entwicklungsaufgaben und Chancen von Kindern und Jugendlichen sind der Hauptteil, daran anschließend und genau so wichtig folgen die Entwicklungsaufgaben und Chancen von Eltern. Danach werden die größten Herausforderungen für Eltern zum Thema und abschließend Bewältigungsstrategien vorgestellt.

Ihnen liebe Leserin, lieber Leser, wünsche ich eine gute Lektüre sowie alles Gute und bedanke mich: Sie unterstützen durch den Kauf dieses Buches die gemeinnützigen Projekte des Vereins für Familienbegleitung www.familienbegleitung.at.

Baden bei Wien, Juni 2021   *Gerlinde Grübl-Schößwender*

Dr. Gerlinde Grübl-Schößwender
Obfrau des Vereins für Familienbegleitung

Pubertät - Chaos und Konflikt ohne Ende oder Aufbruch und Chance?

Gerlinde Grübl-Schößwender

Bis junge Menschen erwachsen werden, vergehen viele Jahre. Die gesamte Zeit der Adoleszenz, des Erwachsenwerdens, dauert vom 9. bis zum 22. Lebensjahr. Darin enthalten ist der erste Teil, die Pubertät. Sie dauert vom 9. bis zum 15. Lebensjahr. Die Pubertät hat sich aufgrund besserer Ernährung nach vorne verschoben. Entwicklungsaufgaben und die Gehirnentwicklung benötigen jedoch mehr Zeit, weil die Anforderungen komplizierter als auch unübersichtlicher geworden sind und werden erst im frühen Erwachsenenalter abgeschlossen.

Liebe Mutter, lieber Vater! Aus den aktuellen entwicklungspsychologischen Forschungen zur Entwicklung des Gehirns wird ersichtlich, dass Entwicklung und Veränderung bis an das Lebensende möglich ist (sofern nicht eine Erkrankung oder Störung vorliegt) – nein, sogar stattfindet – ob wir wollen oder nicht. Nutzen Sie also die Chance, Ihr bisheriges Leben auch etwas zu hinterfragen: Ihre Werte, Ihre Einstellungen, Ihre Entwicklung und Ihre Lebensentscheidungen. Ja, nicht nur die Pubertierenden befinden sich in einer Umbruchszeit, auch Sie! – Und darin enthalten sind auch Chancen!

Durch das Erwachsenwerden Ihrer Kinder gewinnen Sie auch wieder ein Stück Freiheit, Zeit und Unbeschwertheit. Sie können neue Lebensperspektiven entwickeln und/oder alte weiterentwickeln.

Mit Hilfe dieses Buches können Sie einen Entwicklungsprozess in Gang setzen. Wenn Sie das Buch inklusive der Reflexionsbögen von vorne nach hinten langsam durcharbeiten, erhöhen Sie die Chancen, neue Entwicklungserkenntnisse zu gewinnen. Entwicklung geht langsam vor sich und Veränderungen brauchen Zeit.

Erziehung ist ein dynamischer Prozess, in dem die eigenen Entwicklungsaufgaben nicht ignoriert werden sollten. Nicht nur die Kinder sollen sich weiterentwickeln, sondern auch die Eltern! Familie ist als Ganzes im Blick zu behalten, die Heranwachsenden als auch die Eltern und das Umfeld.

Eltern haben auch eine Leitungs- und Führungsfunktion und sollten über entsprechende Fertigkeiten verfügen. Viele der hier beschriebenen Techniken und Methoden haben sich bereits in der Praxis bewährt. Ich wende sie auch in Beratungen und Coachings für Berufstätige an. Familiäre und berufliche Probleme unterscheiden sich oft wenig, gerade auch in ihren Lösungsansätzen. Zum Beispiel ist gutes Kommunikations- und Konfliktlöseverhalten sowohl im Beruf als auch in der Familie von Vorteil! Ein Perspektivenwechsel: Sie könnten ja den Blick einmal dahingehend verändern, in dem Sie sich und Ihre Familie als kleines Unternehmen betrachten.

Liebe Eltern! Sie können sicher sein, auch andere Eltern stehen oft vor scheinbar unlösbaren Aufgaben und Problemen. Häufige Reaktion bei meinen Elternbildungsveranstaltungen von Seiten der Eltern ist: „Ich bin so erleichtert, zu sehen, dass nicht nur ich Fragen und Probleme habe!". In meinen Elternbildungsveranstaltungen werde ich zu unterschiedlichsten Themen befragt. In diesem Buch werde ich auf einige dieser Fragen antworten.

1 Erziehungserfahrungen und eigene Erziehungshaltung

Liebe Mutter, lieber Vater!
Welche Gedanken kommen Ihnen, wenn Sie an Ihre eigene Pubertät denken? Wie war Ihr Umfeld? Wie war das Verhältnis zu Ihren Eltern? Wie war es zu Ihren Geschwistern? Hatten Sie Freundinnen und Freunde? An welche Lehrerinnen und Lehrer erinnern Sie sich? Wie erging es Ihnen mit Ihren Alterskolleginnen und Alterskollegen in der Schule, im Sport und in der Freizeit?

Eine Veranstaltungsteilnehmerin erklärte, dass sie ihre Eltern während ihrer Pubertätszeit als sehr schwierig erlebt habe. – Auch das gibt Anlass zum Perspektivenwechsel: Nicht nur Eltern erleben ihre Kinder als schwierig, es kann auch umgekehrt der Fall sein!

Die eigene Erziehungsgeschichte fließt in die Erziehung unserer Kinder positiv und negativ mit ein. Vergleiche sind - bewusst oder unbewusst - an der Tagesordnung. Auch wenn man sich auf Grund negativer Erfahrungen vorgenommen hat, es ganz anders als die eigenen Eltern zu machen, besteht die Gefahr, bedingt durch diese Haltung, in ein anderes Extrem zu verfallen.

1.1 Fragen zur eigenen Pubertät

Zu Beginn eine Reflexion bezüglich der eigenen Pubertät im Unterschied zu der Ihrer Kinder:

<u>Was waren für mich im Alter von 10 – 15 Jahren die wichtigsten Themen?</u>

Welches Umfeld hatte ich?
(Familien- u. Schulsituation, materielle Ausstattung usw.)

Erziehungserfahrungen und eigene Erziehungshaltung

Wie war mein Verhältnis zu meiner Mutter/zu meinem Vater?

Wie war mein Verhältnis zum anderen Geschlecht?

Welche Konflikte hatte ich?

Worunter habe ich besonders gelitten?

Wie sehe ich heute mit zeitlichem Abstand meine damalige Entwicklung?

1.2 Fragen zur Pubertät der Tochter/des Sohnes

Liebe Mutter, lieber Vater! Und nun haben Sie die Möglichkeit, zu überlegen, wie vermutlich die Pubertät Ihrer Tochter oder Ihres Sohnes abläuft, welche Themen und Fragen hier Vorrang haben:

Was sind für meine Tochter oder meinen Sohn vermutlich die wichtigsten Themen?

Welches Umfeld hat meine Tochter oder mein Sohn?
(Familien- u. Schulsituation, materielle Ausstattung usw.)

Welches Verhältnis hat sie/er zu mir, wie sieht sie/er mich vermutlich?

Welches Verhältnis hat sie/er zum anderen Geschlecht?

Welche Konflikte hat sie/er vermutlich?

1.3 Die größten Unterschiede anhand des Vergleiches „Eigene Pubertät" und „Pubertät meines Kindes"

Liebe Eltern! Vermutlich sind Ihnen schon beim Nachdenken und Ausfüllen des bisherigen Reflexionsbogens sofort Unterschiede ein- und aufgefallen. Im Anschluss haben Sie die Möglichkeit, die größten Unterschiede zu formulieren und niederzuschreiben.

✍

Liebe Mutter, lieber Vater! Haben Sie für sich Antworten gefunden? Wie mir immer wieder Teilnehmerinnen und Teilnehmer berichten, ist eine längere Nachdenkphase darüber durchaus hilfreich. Gerade auf Grund dieser Unterschiede ergeben sich häufig Meinungsverschiedenheiten und Konflikte. Das Wissen darüber und die Berücksichtigung der Unterschiede ist in vielen Fällen hilfreich.

Sollten Sie für jedes Ihrer Kinder einen Vergleich machen wollen, finden Sie den Reflexionsbogen als Download unter www.lebensbegleitung.at oder www.familienbegleitung.at.

1.4 Die häufigsten Ergebnisse aus Elternbildungsveranstaltungen

Liebe Eltern! Vielleicht interessiert es Sie, welche größten Unterschiede andere Eltern nennen. Hier im Anschluss finden Sie einige davon.

Die häufigsten Antworten von Eltern aus Elternbildungsveranstaltungen zum Vergleich der eigenen Pubertät mit der Pubertät der Kinder sind:

- Weniger Respekt gegenüber Erwachsenen
- Aggressivität
- Anderes Umfeld
- Höhere Mobilität
- Lange Ausbildung
- Weniger Verantwortung
- Wenig Zeit
- Höhere Anforderungen

- Druck ist größer
- Soziale Medien
- Beide Eltern arbeiten
- Konkurrenz
- Wenig Natur
- Viele Ablenkungen
- Kleinere Familien
- Intensivere Betreuung
- Materialismus, Überfluss

Weitere Antworten von Eltern aus Elternbildungsveranstaltungen finden Sie unter www.lebensbegleitung.at oder www.familienbegleitung.at.

2　Erziehungsziele

Liebe Mutter, lieber Vater!
Haben Sie eigentlich schon einmal darüber nachgedacht, welche Erziehungsziele Sie bis zur Volljährigkeit Ihres Kindes, Ihrer Kinder erreichen wollen? Hier sind nicht nur eigene Erziehungsziele, sondern auch von der Herkunftsfamilie erwartete und von Gesellschaft und Staat vorgegebene Erziehungsziele wesentlich. Die Rechte und Pflichten, welche in Ihrem jeweiligen Heimatland ab der Volljährigkeit bestehen, aber auch Hinweise zu den Kinder- und Jugendrechten finden Sie im Internet auf staatlichen Webseiten.

2.1　Rechte und Pflichten nach Erreichen der Volljährigkeit

Die größten Veränderungen kommen mit der vollen Geschäftsfähigkeit: Ab dem achtzehnten Geburtstag kann jede Art von Vertrag ohne Mitwirkung der Eltern abgeschlossen werden. Es gibt keine Aufsichtspflicht der Eltern mehr: Jeder junge Mensch ist für sich selbst verantwortlich und kann auch in Bezug auf die weitere Lebensplanung freie Entscheidungen treffen. Ab der Volljährigkeit sind die jungen Erwachsenen ehemündig und können ohne die Zustimmung der Eltern heiraten oder sich verpartnern. Die Bestimmungen des Jugendschutzgesetzes fallen weg und auch das mildere Jugendstrafrecht gilt nicht mehr. Arbeitsrechtlich sind ab der Volljährigkeit Überstunden, Wochenend- und Nachtarbeit erlaubt. Die Obsorge-Pflicht der Eltern endet mit der Volljährigkeit der jungen Menschen. Sie müssen sich selbst versorgen und auf eigenen Beinen stehen. Ein Unterhaltsanspruch gegen die Eltern besteht nur, wenn eine Jugendliche/ein Jugendlicher noch nicht selbsterhaltungsfähig ist, etwa weil noch eine Ausbildung oder ein Studium absolviert wird.[1]

---

[1] Die angeführten Angaben sind auf Österreich bezogen. Informationen für das eigene Heimatland sind im Internet auf staatlichen Informationsseiten zu finden.

Eltern sollten versuchen, die Jugendlichen schon vor Erreichen der Volljährigkeit auf die spätere Verantwortung vorzubereiten, indem sie ihnen nach und nach Entscheidungen für ihre eigenen Belange überlassen.

2.2 Persönliche Erziehungsziele

Liebe Mutter, lieber Vater! Überlegen Sie einmal, wann genau, in welchem Jahr und an welchem Tag Ihr Kind die Volljährigkeit erreicht und wie viel Zeit Ihnen noch bleibt, positiv auf die Entwicklung einzuwirken und Ihre Erziehungsziele zu erreichen.

✎

Mein 1. Kind wird am _____ volljährig.

Verbleibende Zeit in Jahren und Monaten: _____

✎

Mein 2. Kind wird am _____ volljährig.

Verbleibende Zeit in Jahren und Monaten: _____

✎

Mein 3. Kind wird am _____ volljährig.

Verbleibende Zeit in Jahren und Monaten: _____

✎ Weitere Kinder:

Liebe Mutter, lieber Vater! – Jetzt haben Sie sich einen Überblick darüber verschafft, wieviel Zeit noch bis zur Volljährigkeit Ihres Kindes/Ihrer Kinder zur Verfügung steht. Nun gilt es, die persönlichen Erziehungsziele zu formulieren:

✎ Persönliche Erziehungsziele:

*Reflexionsbogen als Download unter
www.lebensbegleitung.at oder www.familienbegleitung.at*

2.3 Die häufigsten Ergebnisse aus Elternbildungsveranstaltungen

Von den Eltern werden am häufigsten folgende Erziehungsziele genannt:

- Selbstständigkeit
- Verantwortungsbewusstsein
- Selbstbewusstsein
- Soziale Kompetenz
- Kommunikationskompetenz
- Ehrlichkeit
- Teamfähigkeit
- Wertebewusstsein
- Zuverlässigkeit
- Beziehungsfähigkeit
- Mut
- Realitätsbewusstsein

- Verlässlichkeit
- Selbstmanagement
- Lebensfreude
- Mit Geld umgehen können
- Frustrationstoleranz/ Durchhaltevermögen
- Ehrgeiz
- Pflichtbewusstsein
- Entscheidungsfähigkeit
- Körperbewusstsein
- Vertrauen
- Zivilcourage

Weitere von Eltern genannte Erziehungsziele finden Sie unter www.lebensbegleitung.at oder www.familienbegleitung.at.

3   Erziehungsstile

In der Forschung und Literatur wird von unterschiedlichen Arten von Erziehungsstilen ausgegangen und untersucht, welcher Erziehungsstil die besten Auswirkungen hat. In den letzten fünfzig Jahren veränderten sich die Erziehungsstile stark.

3.1   Arten von Erziehungsstilen

Die Unterscheidung der Erziehungsstile erfolgt in den autoritären, autoritativen bzw. demokratischen, den permissiven bzw. antiautoritären, den unbeteiligten und den verstrickten bzw. chaotischen Erziehungsstil.

Autoritärer Erziehungsstil

Die Kennzeichen des autoritären Erziehungsstils sind: Wenig Akzeptanz und Anteilnahme von Seiten der Eltern sowie ein hohes Ausmaß an Kontrolle mittels Zwangsmaßnahmen und daraus resultierend wenig Selbstständigkeit der Kinder. Es erfolgen wiederholte Herabsetzungen und Abwertungen, Gewalt und häufige Strafen sind an der Tagesordnung.

Eltern zeigen ein kaltes und ablehnendes Verhalten. Anforderungen werden mit Gewalt durch Brüllen, Kommandieren, Kritisieren und Schlagen durchgesetzt. Eltern treffen die Entscheidungen für die Kinder, ihre Standpunkte werden selten beachtet.

Die Nachteile des autoritären Erziehungsstils sind eine hohe Ängstlichkeit und unselbstständiges Verhalten. Bei der Beziehungsgestaltung mit Freundinnen und Freunden reagieren die Kinder auf Frustrationen mit Feindseligkeit. Buben/Jungen haben ein hohes Ausmaß an Wut und Trotz. Mädchen zeigen eine große Abhängigkeit, sie erkunden ihre Umgebung wenig und fühlen sich schnell überfordert.

Autoritativer oder demokratischer Erziehungsstil

Bei diesem Erziehungsstil sind die Eltern warmherzig, aufmerksam und feinfühlig gegenüber den Bedürfnissen der Kinder. Vernünftige, entwicklungsangemessene Anforderungen werden gestellt, die auch konsequent erklärt und verstärkt werden. Sich dem Alter anpassende Kontrollmechanismen und eine hohe Akzeptanz der Kinder sind weitere Kennzeichen dieses Erziehungsstils.

Den Kindern wird erlaubt, eigene Entscheidungen im Einklang mit ihrer Bereitschaft dazu zu treffen. Angemessene Handlungsspielräume werden eingeräumt und Selbstständigkeit zugelassen.

Es bestehen Zusammenhänge zwischen autoritativem bzw. demokratischem Erziehungsstil und vielen Kompetenzbereichen wie Selbstkontrolle, Durchhaltevermögen, Kooperationsbereitschaft, guten Schulleistungen und sozialer und moralischer Reife. Weiters resultieren aus dem autoritativen Erziehungsstil ein gutes Selbstwertgefühl und häufig positive Gefühlszustände.

Permissiver, antiautoritärer Erziehungsstil

Warmherzig und akzeptierend ist die Haltung der Eltern bei diesem Erziehungsstil. Er besteht aus zu viel oder zu wenig Aufmerksamkeit. Über das Verhalten der Kinder wird wenig Kontrolle ausgeübt. Diese dürfen zu früh und zu viele eigene Entscheidungen treffen, wodurch eine enorme Überforderung der Kinder entsteht.

Unbeteiligter Erziehungsstil

Der unbeteiligte Erziehungsstil ist eine Kombination von niedriger Annahme sowie Anerkennung und Beteiligung mit wenig Kontrolle. Es besteht eine allgemeine Gleichgültigkeit gegenüber dem Gewähren von Unabhängigkeit und Selbstständigkeit. Die Eltern sind emotional distanziert und depressiv, meist überfordert durch den Alltagsstress. Es werden keine oder zu wenige Anforderungen gestellt. Die Entscheidungen und der Standpunkt der Kinder sind den Eltern gleichgültig. Es gibt keine Anordnungen, die Kinder können tun, was sie wollen. Dies führt zu einer Überforderung und erzeugt Gefühle der Einsamkeit und Angst sowie eine große Tendenz zur Anstrengungsvermeidung, da niemand Interesse an den gezeigten Leistungen hat. Der unbeteiligte Erziehungsstil ist im Extrem eine Art der Kindesmisshandlung: die Vernachlässigung. Er stört nahezu alle Aspekte der Entwicklung: das Bindungsverhalten, Wahrnehmungs- und Denkprozesse, emotionale und soziale Fertigkeiten.

Verstrickter oder chaotischer Erziehungsstil

Ein ständiges Affekttheater zwischen Kindern und Eltern ist Kennzeichen dieses Erziehungsstils. Erlaubnisse, Verbote und Regeln wechseln ständig. Es besteht eine enge emotionale Verstrickung. Die Folgen sind eine enorme Verunsicherung der Kinder und negative Auswirkungen auf sämtliche Entwicklungsprozesse.

3.2 Erziehungsstil und Selbstwertgefühl

Viele Gesichtspunkte und Umstände beeinflussen bei Kindern und Jugendlichen das Selbstwertgefühl: Genetische Veranlagung, die Unterstützung und Anerkennung der Eltern und Altersgenossen, körperliche Attraktivität, schulische Leistungsfähigkeit und soziale Faktoren wie das nachbarschaftliche und schulische Umfeld wirken sich darauf aus, wie Kinder und Jugendliche sich selbst einschätzen. Unterschiedliche, aufeinander bezogene Handlungs- und Gesprächsmuster im familialen Umfeld können die Ausbildung eines positiven oder negativen Selbstwertgefühls fördern oder behindern. Die Wertschätzung, die einem Kind durch seine Eltern und seine Familie entgegengebracht wird, ist wichtig für die Entwicklung eines positiven Selbstwertgefühls. Ebenso freundschaftliche Beziehungen zu Gleichaltrigen.

In Bezug auf das Selbstwertgefühl ist der autoritative oder demokratische Erziehungsstil am günstigsten. Bei diesem Erziehungsstil werden die Kompetenzen von Kindern gefördert durch Wärme und Feinfühligkeit gegenüber deren Bedürfnissen, selbst Vorbild sein, reifes Verhalten verstärken, vernünftige Gespräche, erklärende Erziehungsmaßnahmen und Anleitung sowie Ermutigung, wenn das Kind neue Fertigkeiten erlernt.

Den Kindern werden in wichtigen Verhaltensbereichen klare Regeln vorgegeben, die gut begründet und deren Einhaltung innerhalb gewisser Spielräume, in denen das Kind selbst Entscheidungen treffen kann, kontrolliert wird. Die Eltern sind ihren Kindern gegenüber emotional zugewandt, können sich gut in sie hineinversetzen und nehmen ihre Sorgen und Nöte ernst, wodurch Kinder sich wertgeschätzt fühlen. Da sie durch die Nutzung zunehmend größerer Handlungsspielräume eigene wichtige Erfahrungen sammeln können, sind sie häufig sehr kompetent, selbstbewusst und bei Gleichaltrigen beliebt.

4 Entwicklungsaufgaben und Chancen von Kindern und Jugendlichen

Liebe Mutter, lieber Vater!
Nun komme ich zu den Entwicklungsaufgaben, aber auch zu den darin enthaltenen Chancen von Kindern und Jugendlichen in der Pubertät. Wie Sie sehen werden, gibt es viele Entwicklungsaufgaben, die Kinder und Jugendliche positiv bewältigen sollten. Durch die Bewältigung entstehen viele Chancen.

4.1 Umgang mit und Akzeptanz von unterschiedlichen Entwicklungsverläufen

Liebe Eltern! Wie Ihnen sicher schon aufgefallen und ganz wichtig zu wissen ist, hat jedes Kind, jede Jugendliche, jeder Jugendliche seinen ganz eigenen Entwicklungsverlauf. Auch Geschwister entwickeln sich ganz unterschiedlich.

Der Beginn der Pubertät wird zu einem großen Teil genetisch gesteuert, hat sich aber in den vergangenen Jahrzehnten auf Grund der guten Ernährungslage und in Ländern mit hohem Lebensstandard um etwa zwei Jahre vorverlagert.

Vergleiche mit anderen bringen daher nichts, außer regelmäßig Ärger und Frust. Besonders wenn man sie gegenüber den Heranwachsenden äußert. Da kann es schon zu einem Wutausbruch oder zu einer beleidigten Reaktion und emotionalem Rückzug kommen.

Die Pubertierenden vergleichen sich ohnehin selbst häufig mit anderen: Freundinnen und Freunden, Schulkolleginnen und Schulkollegen, anderen Personen aus Politik und Gesellschaft und aus den Medien. Zunehmend geschieht dieses Vergleichen mit Hilfe der elektronischen Medien und darin enthaltenen sozialen Netzwerken und Video- und Foto-Sharing-Plattformen.

Manche Kinder beginnen sehr früh mit pubertären Anzeichen, oft schon mit acht oder neun Jahren, bei anderen ist lange nichts davon zu bemerken. Auch für Kinder und Jugendliche werden die zeitlich sehr unterschiedlichen Entwicklungsverläufe nicht selten zum Problem.

Es gibt die sogenannten Frühentwicklerinnen/Frühentwickler und die Spätentwicklerinnen/Spätentwickler.

Frühreifen Kindern und Jugendlichen kann ein Stück Kindheit fehlen. Vielfach werden sie von der Umwelt, von ihren Eltern und Verwandten, von Lehrerinnen und Lehrern und anderen Bezugspersonen auf Grund ihres Aussehens bereits als Erwachsene behandelt und entsprechende Anforderungen werden an sie gestellt, obwohl sie entwicklungspsychologisch noch auf der Stufe eines Kindes stehen, so wie ihre Altersgenossinnen und Altersgenossen auch.

Zwischen Mädchen und Buben/Jungen gibt es geschlechtsspezifische Unterschiede:

Frühreife Mädchen sehen wesentlicher älter aus, als sie tatsächlich sind. Diese Tatsache ergibt einen Gegensatz von seelischem und körperlichem Erleben. Bei früh entwickelten Mädchen äußerst sich die Frühreife oft im dicker, körperlich plumper und damit unattraktiver werden. Betroffene Mädchen, die als Erste in einer Schulklasse bereits mit zehn Jahren die Menstruation bekommen, fühlen sich dadurch benachteiligt sowie alleingelassen, weil gleichaltrige Ansprechpartnerinnen fehlen. Sie empfinden diese Entwicklung als negativ.

Diese Mädchen sind auch widersprüchlichen Botschaften ihrer Umgebung ausgesetzt. Sie werden einerseits als junge Frau und andererseits als Kind behandelt. Die Rückmeldungen aus der Umgebung entsprechen nicht dem gefühlten Entwicklungsstand.

Die Rollen in der Schulklasse verändern sich, es kann zu Konkurrenzverhalten kommen. Besonders für körperlich sehr gut entwickelte Mädchen kann ihr frühreifes Aussehen ein Problem sein, da sie bereits Anbahnungsversuchen von Buben/Jungen und erwachsenen Männern ausgesetzt sein können.

Die früh entwickelten Buben/Jungen haben es in vielerlei Hinsicht leichter als die frühreifen Mädchen. In der Gleichaltrigengruppe gelten sie als toller, sportlicher und sexuell reifer. Daraus ergibt sich eine höhere Selbstsicherheit. Im Gegensatz dazu stehen die Spätentwicklerinnen und Spät-entwickler. Sie sind meist kleiner, werden von der Umwelt anders als ihre gleichaltrigen Kolleginnen und Kollegen behandelt und fühlen sich wiederholt ausgeschlossen. Daraus resultierend kann es zu einem geringeren Selbstwertgefühl aber auch zu einem großen Drang nach Unabhängigkeit und sozialen Initiativen als Kompensation kommen.

Auf Grund der unterschiedlichen Entwicklungsverläufe sind in einer Schulklasse mit vierzehnjährigen Mädchen und Buben/Jungen schon sehr erwachsen wirkende Jugendliche und vom Aussehen und den Interessen her noch recht kindlich erscheinende Jugendliche nebeneinander anzutreffen. Durch die massive Veränderung der Körpergrößen und Körperformen, zum Beispiel durch die Entwicklung der Geschlechtsmerkmale, wird die Hierarchie einer Klasse völlig verändert. Die jeweiligen Rollen in der Schulklasse ändern sich immer wieder, Freundschaften werden geschlossen und wieder beendet, Kleingruppen werden gebildet und wieder aufgelöst, das jeweilige Zugehörigkeitsgefühl schwankt enorm. Die Kinder und Jugendlichen müssen lernen, mit Akzeptanz und Ablehnung umzugehen.

Unabhängig von Früh- oder Spätentwicklung ist es wichtig, die ablaufenden Prozesse als gegeben hinzunehmen. Jedem Kind und jeder Jugendlichen, jedem Jugendlichen muss das Tempo zugestanden werden, welches für die Entwicklung benötigt wird.

4.2 Umgang mit und Akzeptanz von körperlichen Veränderungen

Liebe Mutter, lieber Vater, stellen Sie sich vor, Sie stehen am Morgen vor dem Spiegel – und jeden Tag schaut Ihnen jemand anderer entgegen! So ist das ungefähr, wenn sich Kinder und Jugendliche rasch entwickeln. Einmal ganz ehrlich: Wie oft können Sie, liebe Mutter, lieber Vater, ihren eigenen Körper, ihr eigenes Aussehen nicht akzeptieren? Und bei pubertierenden Kindern und Jugendlichen ändert sich ihr Aussehen fast täglich. Einmal zum Positiven, dann wieder zum Negativen. Sicher haben Sie schon bemerkt, dass dieser Umstand bei den Kindern und Jugendlichen nicht selten zu Unsicherheit, Kummer und Sorge führt. Der Eindruck entsteht, dass sie sich in ihrem eigenen Körper zeitweise gar nicht wohlfühlen. Eine Mutter erzählte mir, dass ihr Sohn ganz entsetzt war, als er die ersten sprießenden Haare unter der Achsel und im Gesicht bemerkte. Er war ganz verzweifelt, weinte und meinte: „Ich will aber überhaupt nicht, dass mir überall Haare wachsen!"

Für Eltern ist es wichtig zu wissen, welche Entwicklungen in Bezug auf den Körper der Heranwachsenden ablaufen. In den folgenden Kapiteln werden daher die wichtigsten Entwicklungsabläufe dargestellt.

Körperentwicklung

Die Akzeptanz der eigenen, sich immer wieder ändernden körperlichen Erscheinung und die effektive Nutzung des eigenen Körpers, zum Beispiel beim Sport, ist eine herausfordernde Entwicklungsaufgabe.

Während der Pubertät kommt es bei Mädchen und Buben/Jungen zu einem auffallenden Wachstumsschub. Gleichzeitig beginnt die Ausbildung der sekundären Geschlechtsmerkmale. Das sind nicht unmittelbar für die geschlechtliche Fortpflanzung notwendige physische Merkmale wie die weibliche Brust und der männliche

Bartwuchs, die sich durch die Geschlechtsreife entwickeln. Die primären Geschlechtsmerkmale sind ja bereits bei der Geburt vorhanden. Es sind diejenigen Geschlechtsorgane, die vornehmlich der direkten Fortpflanzung dienen, wie zum Beispiel die Vagina, die Hoden und der Penis.

Der Abschluss dieser Entwicklung ist bei Mädchen annähernd mit dem 16.-17. Lebensjahr, bei Buben/Jungen annähernd mit dem 16.-18. Lebensjahr. Zwischen den einzelnen Kindern und Jugendlichen bestehen beträchtliche individuelle, zeitliche Schwankungen, die dazu führen, dass die Zeitpunkte nicht immer vergleichbar sind. Die Abfolge der physiologischen Veränderungen wird aber immer eingehalten.

Entwicklungsablauf der körperlichen und sexuellen Reifung

Mädchen:
- Ab dem 8. Lebensjahr erfolgen hormonelle Veränderungen, insbesondere eine vermehrte Östrogenausschüttung.
- Der körperliche Wachstumsschub setzt etwa zwischen dem neunten und dreizehnten Lebensjahr ein und ist im Durchschnitt mit dem sechzehnten Geburtstag abgeschlossen.
- Beginn des Wachstums von farblosem Schamhaar mit ca. 8 Jahren, Färbung und Abschluss des Wachstums von Schamhaar mit ca. 14 Jahren.
- Beginn des Brustwachstums mit ca. 8 Jahren, zuerst Rundungen der Brust („Knospenstadium"), Weiterentwicklung, Einfärbung der Brustwarzen, Vergrößerung des Warzenhofs. Abschluss mit ca. 15 Jahren.
- Das Becken verbreitert sich.
- Auftreten erster weicher Körperhaare, vor allem unter der Achsel.
- Gebärmutter, Vagina, Schamlippen und Klitoris vergrößern sich.
- Unterarmbehaarung mit ca. 10 Jahren.

- Vermehrte Ausscheidung der talg- und schweißproduzierenden Drüsen (kann zu Akne führen): Ungefähr zur gleichen Zeit wie das Erscheinen der Unterarmbehaarung.
- Beginn der Regelblutung von 10 bis 16,5 Jahren, Durchschnitt bei 12,5 Jahren. Die erste Regelblutung bedeutet eine starke physische und psychische Umstellung. Es stehen oft Schmerzen, eine Beeinträchtigung der Aktivität sowie Schamgefühle im Vordergrund. Damit dieser neue Zustand besser verarbeitet werden kann, sollte das Thema nicht tabuisiert und verkrampft behandelt werden, sondern möglichst natürlich und zwanglos. Passende Informationen und Vorbereitungen sollten schon im Vorhinein erfolgen.
- Ende der jugendlichen Sterilität, die jungen Frauen werden fruchtbar. Die erste mögliche Empfängnis setzt im Durchschnitt ein Jahr nach der ersten Regelblutung ein.

Buben/Jungen:
- Ab dem 9. Lebensjahr erfolgen hormonelle Veränderungen, im Besonderen eine vermehrte Testosteronausschüttung.
- Bei Jungen beginnt der Wachstumsschub mit zirka elf Jahren, erreicht seinen Höhepunkt mit vierzehn Jahren und ist mit zirka achtzehn Jahren abgeschlossen.
- Beginn des Wachstums der Hoden und des Hodensacks mit ca. 10 Jahren, Abschluss mit ca. 13,5 Jahren.
- Wachstum des Schamhaares ab ca. 10 bis 15 Jahren.
- Wachstum des Penis, der Prostata, der Samenbläschen. Beginn mit ca. 11 Jahren, Abschluss mit ca. 14,5 Jahren, Durchschnitt mit 12,5 Jahren.
- Stimmbruch: Wachstum des Kehlkopfes, der Stimmbruch beginnt, die Stimme wird tiefer, im Alter von ca. 11 bis 14,5 Jahren.
- Wachstum von Haaren unter den Achseln und auf der Oberlippe.
- Gesichts- und Unterarmbehaarung: Ungefähr 2 Jahre nach dem Auftreten der Schamhaare.

- Vermehrte Ausscheidung der talg- und schweißproduzierenden Drüsen (kann zu Akne führen): Ungefähr zur gleichen Zeit wie das Erscheinen der Unterarmbehaarung.
- Zunahme der Spermienproduktion, erste nächtliche Samenergüsse, meist mit sexuellen Träumen gekoppelt, ungefähr ein Jahr nach dem Wachstumsbeginn des Penis.
- Ausbildung und Vergrößerung der Vorsteherdrüse, Spermienproduktion wächst an, Zeugungsfähigkeit.
- Die körperliche Muskelkraft erreicht ihren Höhepunkt.

In Zusammenhang mit der körperlichen Entwicklung und Reifung stehen auch die Fragen rund um die Geschlechtsreife und die mögliche Empfängnis bzw. Zeugung von Kindern. Jugendliche sollten hierüber früh genug und gezielt Informationen erhalten.

Sexuelle Aufklärung

Es ist anzunehmen, dass Kinder und Jugendliche im Alter von neun bis fünfzehn Jahren bereits sexuell aufgeklärt sind. Das heißt, sie haben ein Grundwissen über die menschliche Sexualität und wissen Bescheid über Vorgänge wie Geschlechtsverkehr, Empfängnis, Zeugung und Verhütungsmethoden. Üblicherweise wurde diese Thematik bereits mehrmals im Schulunterricht behandelt.

Liebe Eltern, stellen Sie aber sicher, dass Ihre Tochter, Ihr Sohn über entsprechendes Wissen verfügt. Da Jugendliche im Pubertätsalter diese Thematik häufig nicht gerne mit ihren Eltern besprechen, empfiehlt sich ein entsprechendes, für Jugendliche geeignetes Aufklärungsbuch, welches Sie Ihrem Kind mit den Worten, falls es Fragen hätte, könne es gerne mit Ihnen sprechen, überreichen. Erfahrungsgemäß wird diese Vorgangsweise von den Jugendlichen geschätzt.

Gleichzeitig mit den hormonellen und wachstumsbedingten Veränderungen ergeben sich Umstrukturierungen des Gehirns, welche im folgenden Kapitel genauer beschrieben werden.

Gehirnentwicklung und Lernvorgänge

Das Gehirn gleicht in der Pubertät einer Baustelle in einem bereits vorhandenen Haus, in dessen Zimmern – sprich Gehirnregionen – nach und nach ausgemistet und umgebaut wird sowie neue Schwerpunkte gesetzt werden. Zuerst reifen die hinteren Teile an der Basis des Gehirns, dann finden Umstrukturierungen im vorderen Teil, dem präfrontalen Kortex, statt. Zuerst entwickeln sich Bereiche, die für Sprache, räumliche Orientierung und Aufmerksamkeit zuständig sind, dann die Bewegungsfähigkeit des Körpers betreffende, aufeinander abgestimmte Funktionen. Zuletzt entwickeln sich vollziehende, durchführende und ausübende Funktionen. Oft genützte Nervenverbindungen bleiben, andere werden abgebaut. Die Sprache und das räumliche Denken funktionieren ziemlich bald sehr gut, aber noch nicht Entschlusskraft und Motivation.

Das Präfrontalhirn, welches für vorausschauendes Planen, Informationen behalten, zwei Dinge gleichzeitig tun, vernünftige Entscheidungen treffen und die Fähigkeit, unpassendes Verhalten zu unterdrücken, zuständig ist, entwickelt sich erst gegen Ende des Umbauprozesses, etwa im fünfzehnten, sechzehnten Lebensjahr weiter. Entscheidungen bleiben lange gefühlsbetont. Diese Entwicklung geht bis ins dritte Lebensjahrzehnt.

Jugendtypisches Verhalten steht mit folgenden alterstypischen Veränderungen in Bezug auf Struktur und Funktionsweise des Gehirns in Zusammenhang: Mehr risikoreiches Verhalten, impulsivere Entscheidungen, vermehrte Suche nach Sensationen und Abwechslung, ausgeprägtere Suche nach Neuem, höhere Vorliebe für Belohnungen und eine geringere hemmende Kontrolle.

Liebe Eltern, manche Personen meinen, dass es auf Grund der Gehirnentwicklung vergeblich sei, auf die Jugendliche, den Jugendlichen einzuwirken. Allerdings ist aus der Gehirn- und Lernforschung bekannt, dass alles, was erlebt und gelernt wird und Anregungen, welche von außen kommen, das Gehirn verändern und prägen. Das Gehirn reagiert demnach auf Außeneinwirkungen, welche die Entwicklung vorantreiben, wie etwa individuelle Interessen und Anregungen in den verschiedenen Entwicklungsräumen wie Familie, Schule und Freizeit. Das Gehirn verändert sich unter dem Einfluss von Erfahrungen, daher sind kulturelle Einflüsse und Begleitumstände auch hier von Wichtigkeit. Eine Entlastung bedeutet das Wissen über entwicklungspsychologische Hintergründe, wie mir immer wieder Eltern berichten.

Mit fortschreitender Gehirnentwicklung lernen die Kinder und Jugendlichen, sich bei einem Problem nicht nur einen, sondern mehrere Lösungswege zu überlegen und die Vor- und Nachteile gedanklich gegeneinander abzuwägen. Sie werden zu kritischem Denken fähig. Vor allem aber lernen sie, über ihr eigenes Denken nachzudenken, zu reflektieren, und ihr Verhalten auf Grund dieser Erkenntnisse zu verändern.

Voraussetzung für die Entwicklung von Lernkompetenzen ist, dass sich die Kinder und Jugendlichen selbst als Lernende erfahren und Erkenntnisse darüber sammeln, unter welchen Bedingungen und mit welchen Methoden sie am besten lernen können. Auf diesen Grundlagen können sie ein neues Zutrauen zu sich selbst im Sinne einer Veränderung des Selbstkonzepts entwickeln. Sie wissen um die Arbeitsweise des eigenen Gedächtnisses und dessen Möglichkeiten, können ihre persönlichen Stärken beim Lernen ausnützen und ihre Schwächen geschickt kompensieren.

Jugendliche sollten über eine Vielfalt von Lernstrategien verfügen und Erkenntnisse darüber gesammelt haben, wann welche Strategie am besten einzusetzen ist. Diese Einsichten erwerben sie im Rahmen der eigenen Lernerfahrungen oder durch gezielte Unterweisung von Seiten der Lehrerinnen und Lehrer, anderen Expertinnen und Experten oder der Eltern.

Zur Entwicklung einer aktiven Selbsterkenntnis und zum Zutrauen zu sich selbst führt, dass die Jugendlichen sich und ihren Lernstil immer besser kennen lernen, um zu wissen, wo sie sich auf sich selbst verlassen können und wo sie noch an sich arbeiten müssen. Ein wichtiger Schritt im Lauf der Entwicklung des Denkens und Lernens ist die Herausbildung von kognitiven Stilen und Erscheinungsformen, welche die Wahrnehmung, das Denken und das Erkennen betreffen. Da derartige Pläne für Handlungen von großer Bedeutung sind, beeinflusst diese Entwicklung das Verhalten im Allgemeinen.

Das Nachdenken über das eigene Denken, das Bewusstwerden der eigenen Strategien bei der Aufnahme von Informationen und Verarbeitung spielen beim Lernen und Handeln eine wichtige Rolle.

Die Zeit, die Kinder und Jugendliche verschiedener Altersstufen beim Lösen anschaulich dargebotener Denkaufgaben benötigen, ist bei Älteren länger als bei Jüngeren. Die älteren Kinder und Jugendlichen haben offenbar gelernt, dass es wichtig ist, sich genügend Zeit zu nehmen, um eine Aufgabe richtig zu lösen. Jüngeren Kindern fällt es schwer, sich selbst gleichsam Befehle zu geben. Erst mit etwa zehn bis elf Jahren beginnt der reflexive Arbeitsstil vorzuherrschen. Das heißt aber nicht, dass Kinder ihn immer benützen, auch wenn sie dazu in der Lage wären. Der reflexive kognitive Stil bedeutet, dass zwar etwas langsamer, dafür aber durchdachter gearbeitet wird. Er ist eine wichtige Voraussetzung für die Bewältigung schwieriger Problemlösungsaufgaben. Er wird durch Übung und entsprechende Lerntrainingsprogramme gefördert.

Allerdings gibt es Situationen, wo rasches und sicheres Reagieren unumgänglich ist, etwa in Gefahrensituationen. Für derartige Fälle sollte ein Bestand von automatisierten, den spezifischen Gefahrensituationen angepassten Reaktionsweisen aufgebaut sein und zur Verfügung stehen, damit es nicht zu Verhaltensweisen kommt, welche die Gefahr noch vergrößern.

Erst im Jugendalter wird problemangemessenes Handeln möglich: Das heißt, die Entscheidung zu treffen, ob eine Situation gut durchdachtes und sorgfältiges Vorgehen oder rasches und impulsives Handeln erfordert.

In Zusammenhang mit der Gehirnentwicklung stehen auch die Fragen nach dem Gesundheitsverhalten im weiteren Sinn, welche im folgenden Kapitel behandelt werden.

Körper und Gesundheit

Die Frage nach Gesundheit, physischer und psychischer Kraft und Belastbarkeit ist in dieser Umbruchszeit von enormer Bedeutung. Besonders die Frage nach den Motiven, den Körper gesund zu erhalten, ist für junge Menschen von Bedeutung:

Wofür soll ich meinen Körper gesund erhalten?

Welche Gründe gibt es dafür?

Welche Ziele werden mit welchem Verhalten erreicht oder verfehlt?

Unterstützen können Eltern ein gutes Körper- und Gesundheitsbewusstsein durch ihr eigenes vorbildhaftes Verhalten. Verschiedenste Sportarten tragen dazu bei, das Körperbewusstsein zu fördern, wie etwa Fußball, Schifahren, Reiten, Tanzen und andere mehr. Auch ein Selbstverteidigungskurs stärkt sowohl das Körperbewusstsein als auch das Selbstwertgefühl und Selbstbewusstsein.

Hinsichtlich Gesundheit ist auch auf ein typisch pubertäres Phänomen hinzuweisen, und zwar auf die <u>Änderung des Tag-Nacht-Rhythmus inklusive Schlafstörungen</u>.

Die Folgen der rasanten körperlichen Entwicklung sind eine leichtere Ermüdbarkeit und die Änderung des Tag-Nacht-Rhythmus. Nicht alle Jugendlichen reagieren gleich, aber bei vielen Jugendlichen ist zu beobachten, dass sie in der Früh kaum aus dem Bett kommen, am Nachmittag sehr müde sind und schlafen, aber dann in der Nacht sehr aktiv werden, wie Eltern immer wieder bestätigen. Wenn diese Phase, die bis ins siebzehnte Lebensjahr gehen kann, beendet ist, dann ist auch die Pubertät vorüber.

Was tun? Da Maßnahmen wie Anordnungen, Vereinbarungen und Strafen hier auf Grund der entwicklungsbedingten Voraussetzungen wenig helfen, ist es sinnvoll, die Umgebungsbedingungen anzupassen. Da heißt, die Jugendlichen können schlafen, sobald es ihre Zeiteinteilung in Bezug auf Schule und Freizeitgestaltung erlaubt. Also auch am Nachmittag und vor allen Dingen am Wochenende. In diesen Zeitfenstern holen sie den entgangenen Schlaf nach.

Gesundheitsgefährdende Verhaltensweisen

In dieser Entwicklungsphase mit all ihren Herausforderungen und Umbrüchen kann es auch zu gesundheitsgefährdenden Verhaltensweisen kommen. Die Motive dafür können sein: Um der erlebten Wirklichkeit zu entfliehen aber auch, um sich einen „Kick" zu verschaffen, um neue, riskante Verhaltensweisen auszuprobieren. Im Anschluss sind einige dieser gesundheitsgefährdenden Verhaltensweisen beschrieben.

Legale Drogen

Alkohol

Die häufigste Droge ist Alkohol. Gerade im Umgang mit Alkohol ist die positive Vorbildwirkung der Eltern sehr wichtig. Da es realistischerweise unumgänglich ist, dass Kinder und Jugendliche mit Alkohol in Kontakt kommen, muss ein nicht gesundheitsschädigender Umgang mit Alkohol gelernt werden, besonders auch im Zusammenhang mit dem Lenken von Fahrzeugen. In größeren Mengen und über einen längeren Zeitraum konsumiert wirkt Alkohol als Zellgift und schädigt praktisch alle Organsysteme des Körpers. Langzeitfolgen von andauerndem, übermäßigem Alkoholkonsum sind Leberschädigung, Persönlichkeits- und Hirnleistungsstörungen, Schädigungen der Nervenbahnen, Erkrankungen des Verdauungstraktes, Bewusstseinseintrübungen, Verwirrtheitszustände und das Absterben von Hirnstrukturen, die für Gedächtnis und Orientierung verantwortlich sind.

Tabakrauchen

Eine positive Vorbildwirkung als Nichtraucherin, als Nichtraucher ist hier sehr wichtig. Denn wer raucht, setzt sich freiwillig einer großen Gesundheitsgefährdung und Abhängigkeitsgefahr aus. Rauchen ist das schwerwiegendste gesundheitliche Risiko, das selbst beeinflusst werden kann. Das Risiko steigt, wenn man sich bereits in jungen Jahren einen regelmäßigen Zigarettenkonsum angewöhnt hat. Fast jedes Organ wird durch die giftigen Stoffe im Zigarettenrauch beim Inhalieren geschädigt. Für viele Krebserkrankungen ist Rauchen ein Risikofaktor: Lungenkrebs, Krebserkrankungen der Bronchien, des Kehlkopfs, des Mund-, Nasen- und Rachenraums, der Speiseröhre, der Leber, der Bauchspeicheldrüse, der Nieren, des Blutes (Leukämie), der Harnblase, der Brust und des Gebärmutterhalses (bei Frauen). Auch das Risiko von Herz-Kreislauf-Erkrankungen wie Herzinfarkt oder Schlaganfall und Atemwegserkrankungen nimmt zu.

Illegale Drogen

Eine große Gefahr für Jugendliche ist die Drogenszene. Manchmal aus Neugier, aber häufig als Flucht aus einer scheinbar unerträglichen Welt geraten Jugendliche in dieses Milieu. Je schlechter die Beziehung zu Eltern und sonstigen Verwandten, Schulkolleginnen und Schulkollegen, Lehrerinnen und Lehrern und sonstigen Bezugspersonen ist, fallweise auch noch verbunden mit einer geringen Frustrationstoleranz, umso höher ist die Drogengefahr.

Von Drogenabhängigkeit wird gesprochen, wenn jemand psychisch oder/und körperlich von einem Suchtmittel (zum Beispiel Speed, Haschisch, Ecstasy, Heroin, Kokain) abhängig ist und dieses mehr oder weniger häufig konsumiert.

Schäden an Leber, Nervensystem, Herz, Bauchspeicheldrüse, Magen- und Darmtrakt sind die körperlichen Folgen von Drogenkonsum. Die geistige Leistungsfähigkeit ist eingeschränkt, Gehirnzellen werden zerstört. Die Langzeitfolgen von Drogenkonsum sind schwer rückgängig zu machen, manche Beeinträchtigungen bleiben zeitlebens bestehen.

Es ist zu unterscheiden zwischen der psychischen Abhängigkeit, das heißt, dass auf die Wirkung der Droge auf die Psyche nicht mehr verzichtet werden kann und der physischen Abhängigkeit, das heißt, es treten schwere Entzugserscheinungen wie etwa Schmerzen auf, wenn die Droge nicht konsumiert wird. Der Entzug muss stationär in einem Krankenhaus durchgeführt werden und die ehemaligen Drogenabhängigen müssen nachbetreut werden.

Essstörungen

Mit Beginn der Pubertät ist bei Mädchen eine Gewichtszunahme völlig normal. Eltern, vor allem Mütter, sollten nicht ständig davon sprechen, dass das Kind abnehmen muss. Ein Kind beginnt dann plötzlich, die Nahrungsaufnahme zu verweigern. Inzwischen sind bereits auch Buben/Jungen von der Pubertätsmagersucht betroffen. Betroffene halten sich nur für schön, wenn sie enorm abgemagert sind. Diese Störung ist sehr gefährlich und kann in Extremfällen zum Tod führen.

Es gibt drei Formen: Magersucht, Ess-Brech-Sucht, Esssucht ohne Erbrechen. Sie gehören zu häufigen Erkrankungen bei Mädchen und entstehen durch ein komplexes Zusammenspiel von verschiedenen biologischen, psychischen, familiären und soziokulturellen Faktoren, die ineinander greifen und sich gegenseitig beeinflussen als auch verstärken und oft schwerwiegende Auswirkungen auf die körperliche und seelische Gesundheit haben. Oft dauert es sehr lange bis Essstörungen als solche erkannt werden. Durch eine rasche professionelle Hilfe steigt die Wahrscheinlichkeit für eine erfolgreiche Behandlung. Erste Anlaufstelle sind Allgemeinmedizinerinnen und Allgemeinmediziner, welche in Folge eine Weiterüberweisung zu Fachärztinnen und Fachärzten für Kinder- und Jugendpsychiatrie oder Spezialambulanzen veranlassen.

Selbstverletzendes Verhalten
Die Gründe für selbstverletzendes Verhalten können sehr vielfältig sein. Das sogenannte „Ritzen", darunter wird das wiederholte Anritzen bzw. Aufschneiden von Armen und Beinen mit einem Messer, Scherben oder Rasierklingen verstanden, ist die häufigste Methode der Selbstverletzung. Es handelt sich nicht um lebensbedrohliche Wunden, sondern um kleine bis mittelgroße Verletzungen. Weitere Methoden sind: Brennende Zigaretten auf der Haut ausdrücken, heiße Herdplatten angreifen, bestimmte Körperteile abschnüren. Durch das Selbstverletzen verspüren Betroffene in den meisten Fällen ein Gefühl der Erleichterung und werden mit der Zeit süchtig nach diesem Zustand.

Da sich selbstverletzendes Verhalten häufig auf eine länger andauernde Belastungssituation, meist seelischer Art, zurückführen lässt und oft in Begleitung mit anderen psychischen Erkrankungen auftritt, ist hier professionelle Hilfeleistung unbedingt nötig.

Liebe Mutter, lieber Vater! Wie bereits bei den genannten Punkten angeführt, ist die rechtzeitige Inanspruchnahme von professioneller Hilfeleistung bei sich selbst schädigendem Verhalten unbedingt nötig. Auch wenn es schwierig ist, scheuen Sie sich nicht, professionelle Hilfe zu suchen und in Anspruch zu nehmen. Es ist zum Wohl Ihres Kindes, Ihrer selbst und der gesamten Familie!

Durch das Körperwachstum und die Hormonumstellung kommt es auch zu psychologischen Veränderungen, die im folgenden Kapitel behandelt werden.

4.3 Umgang mit und Akzeptanz von psychologischen Veränderungen

Die Pubertät beginnt mit einer Hormonumstellung, das heißt in erster Linie der vermehrten Ausschüttung von Östrogen bei Mädchen und Testosteron bei Buben/Jungen. Durch diese Umstellung kommt es zu einer emotionalen Labilität und erhöhten psychischen Verletzbarkeit. Zu beobachten sind Stimmungsschwankungen bis hin zur Depression. Weiters ergibt sich häufig eine Differenz zwischen dem körperlichen Aussehen und der seelischen Befindlichkeit. Obwohl die Jugendlichen langsam das Aussehen eines Erwachsenen annehmen, können sie psychisch noch auf der Stufe eines sich entwickelnden Kindes sein und durch unsensible Reaktionen des Umfeldes auf ihr Aussehen, etwas ihre Pickel im Gesicht oder die unvorteilhaften, durch das rasante Wachstum bedingten Körperproportionen sehr verunsichert sein und gekränkt werden.

Der Umgang mit psychologischen Veränderungen ist sowohl für die Jugendlichen als auch für die Eltern und sonstigen Bezugspersonen eine Herausforderung und von großer Wichtigkeit. Die Belastbarkeit der Jugendlichen verringert sich, die psychische Verletzbarkeit nimmt stark zu. Es kann immer wieder zu starken Stimmungsschwankungen kommen, einem Kennzeichen der Pubertät. Es ist die Zeit der erhöhten

Anfälligkeit für Störungen und emotionalen Labilität, aber auch der Offenheit gegenüber Neuem sowie eine Zeit der Wandlungsfähigkeit. Die Rolle als Kind wird immer mehr abgelehnt, nach Selbstständigkeit wird gestrebt.

Gleichzeitig zu dieser größeren psychischen Empfindlichkeit kommt es zu körperlichen Veränderungen wie vermehrtem Wachstum und Hormonumstellungen, welche die psychischen Krisen noch verstärken.

Immer wieder gibt es Unterschiede zwischen der körperlichen und seelischen Entwicklung. Die körperlich früh entwickelten Jugendlichen müssen nicht auch seelisch früh entwickelt sein und umgekehrt. Es gibt auch Unterschiede zwischen dem jeweiligen Selbstbild der Jugendlichen und dem Aussehen. Eine Überforderung sollte vermieden werden.

Das familiäre und schulische Umfeld hat einen sehr starken Einfluss darauf, wie sich Jugendliche erleben. Bisher gebräuchliche Verhaltensmuster ändern sich. Das Gefühl ständiger Überforderung kann die Identitätskrise, Labilität und negative Stimmung noch verstärken. Ein sensibler Umgang mit pubertierenden Jugendlichen ist daher angebracht. Die sogenannte Pubertätskrise kann auch durch die Umwelt aufgrund vieler Fehler im Umgang mit den Heranwachsenden mitverursacht werden. Wegen der Identitätssuche wirken sich verstärkend auf den krisenhaften Charakter dieser Entwicklungszeit Spannungen im Elternhaus, in den ersten Beziehungen und in der Schule aus.

Lebensphasen, in denen eine Umstellung des Hormonhaushaltes erfolgt, sind im allgemeinen Krisenzeiten. Pubertierende leiden unter starken Stimmungsschwankungen, sie sind emotional labil. Allerdings beeinflusst die Antwort der sozialen Umwelt auf das veränderte Verhalten und Erscheinungsbild der Jugendlichen die Art und Weise, wie diese die Krisenzeit bewältigen, entscheidend.

Vielfach sinken in der Mitte der Pubertät die schulischen Leistungen ab. Es kommt zum sogenannten pubertären Leistungsabfall.

Dies kann zu Konflikten im Elternhaus und in der Schule führen. Ein sensibler Umgang damit ist wünschenswert. Reagiert die Umgebung der Jugendlichen, des Jugendlichen sehr ungeschickt auf den Abfall der schulischen Leistungen, so kann sich eine ablehnende Haltung gegenüber allem, was mit Lernen und Schule zusammenhängt, entwickeln. Die Folge können schnelle und unüberlegte Schulabbrüche und Berufsentscheidungen sein.

Eltern und Lehrer sollten auf pubertäre Leistungsabfälle nicht überreagieren, sondern Verständnis und Geduld zeigen und abwarten. Es sollten keine vorschnellen und drastischen Entscheidungen wie etwa ein Schulabgang, der große Auswirkungen für den späteren Bildungs- und Berufsweg hat, getroffen werden. Mit etwas Unterstützung und Lernnachhilfe, welche auch die Vermittlung von Lerntechniken enthält, kann der schulische Leistungsabfall abgefangen werden.

Eine Berufsfindungsphase kann angebracht sein. Oft beginnen sich Jugendliche für eine Ausbildung oder einen bestimmten Beruf zu interessieren, welcher bestimmte Anforderungen enthält und sind dann bereit, um diesen Anforderungen gerecht zu werden, ihr Lernverhalten zu verändern. Eine entsprechende Motivation erhöht den Erfolg!

Von Vorteil ist, wenn in dem gewünschten Beruf ein Ferialpraktikum gemacht werden kann, um eine Entscheidung zu erleichtern.

Gleichzeitig mit den psychologischen Veränderungen und den Gedanken über die schulische und berufliche Entwicklung sollte der Aufbau einer Erwachsenenpersönlichkeit und damit eines neuen Selbstkonzepts bewältigt werden, wie im folgenden Kapitel beschrieben wird.

4.4 Aufbau eines neuen Selbstkonzepts

„Wer bin ich?" ist die hauptsächlich gestellte Frage an sich selbst in dieser Entwicklungszeit. Rückmeldungen von Eltern, Lehrerinnen/Lehrern, Verwandten, Gleichaltrigen und Gedanken über sich selbst fließen zusammen. Vorbilder und Idole gewinnen an Bedeutung, Werte und Normen werden hinterfragt.

Über sich selbst im Bilde sein, das heißt, zu wissen, wer man ist und was man will, das heißt, eine eigene Identität auszubilden, ist eine wichtige, aber auch herausfordernde Entwicklungsaufgabe.

Die Entwicklung eines realistischen Bildes von sich selbst, dem sogenannten Selbstkonzept und der Ich-Identität hängt wesentlich davon ab, welche Erfahrungen mit sich selbst und anderen gemacht werden konnten und wie diese eingeordnet werden. Erfahrungen aus verschiedenen Lebensbereichen wie Schule, Freizeit, Beziehungen zum anderen Geschlecht und der Familie werden hier vereint.

4.5 Neue und reife Beziehungen zu Gleichaltrigen entwickeln

Liebe Eltern, wenn Ihr Mädchen, Ihr Bub/Junge schlecht gelaunt von der Schule kommt und Sie unvermittelt anschreit, dann kann das möglicherweise damit zusammenhängen, dass die Situation in der Klasse wieder einmal besonders belastend war. Wenn es Ihnen gelingt, fühlen Sie sich deshalb nicht gleich angegriffen. Sie sind vielleicht nur der Prellbock, der Ersatz, weil sonst niemand zur Verfügung steht, bei dem sie/er sich trauen würde, sich ´auszuschleimen´. Versuchen Sie, Ruhe zu bewahren und denken Sie sich: ´Die Zeiten werden sich hoffentlich wieder ändern´. Und das ist mit Sicherheit so! Und vielleicht können Sie dieses Verhalten ein Stück weit als Vertrauensbeweis sehen, dass Sie die erste Wahl als ´Kummerpfosten´ waren! Alles geht vorüber und in zehn Jahren werden Sie darüber lachen!

Die verstärkte Ausrichtung von Jugendlichen auf Gleichaltrige ist nicht gleichzusetzen mit einer Abwertung der Eltern. Doch für die Bewältigung von Entwicklungsaufgaben im Bereich der sozialen Beziehungen sind Gleichaltrige einfach die besseren Kontaktpersonen. Eltern bleiben bedeutsam für andere Fragen, wie etwa der Zukunftsplanung. Die Jugendlichen beginnen aber, die Rolle der Eltern zu relativieren, Gewohntes wird abgelehnt, Gegenseitigkeit wird zum Prinzip von Freundschaften. Dazu gehört das Sich öffnen genauso wie die Erwartung, Unterstützung von der besten Freundin, dem besten Freund zu bekommen sowie selbst Unterstützung zu geben. Natürlich gibt es auch Freundschaften, die mit einem Bruch enden und Niedergeschlagenheit sowie Verzweiflung auslösen. Manchmal nehmen Jugendliche sehr viel in Kauf, um zu einer von ihnen als interessant und wichtig empfundenen Gruppe von Gleichaltrigen dazu zu gehören. Insgesamt werden aber die sozialen Fähigkeiten geübt und weiterentwickelt sowie Bewältigungskompetenzen ausgebildet.

Im Pubertätsalter bildet sich ein neues Geschlechtsrollenbild und Verhalten zum anderen Geschlecht aus. Eine wichtige Funktion spielt hier die Peergroup, die Gruppe der Gleichaltrigen. Sie wird immer wichtiger und dominanter. Wenn in dieser Gruppe genügend Sicherheit besteht, bietet sie die Gelegenheit, neue Rollenmuster auszuprobieren. Der soziale Kontakt mit Gleichaltrigen wird zunehmend wichtiger, besonders die engeren Freundinnen und Freunde werden immer mehr zu den wichtigsten Ansprechpartnern, die Eltern treten in den Hintergrund. Es werden neue Einstellungen und Ansichten transportiert, eine Umstrukturierung der persönlichen Werte erfolgt. Kooperation und Wettbewerb werden geübt, daraus folgen Veränderungen der sozialen Positionen. Gleichaltrige Freunde und Freundinnen werden zu den bevorzugten Personen in der Freizeit. Der Aktionsradius erweitert sich, dadurch wird die Kontrollmöglichkeit der Eltern immer geringer.

Das Gesprächsklima in der Familie verändert sich, allerdings in Abhängigkeit vom bisherigen Gesprächsklima. Wenn sich die

Gespräche ständig um Kontrollmaßnahmen drehen, wie „Wo warst du?", „Mit wem?", „Warum kommst du erst jetzt?", „Warum warst du schon wieder weg?", verringert sich die Häufigkeit.

Die Jugendlichen sollten die Gelegenheit haben und von den Eltern nicht daran gehindert werden, andere heranwachsende Mädchen und Buben/Jungen kennen zu lernen, um neue und reifere Beziehungen zu entwickeln. In der Gleichaltrigengruppe können dem Entwicklungstand entsprechende weibliche und männliche Rollenmuster ausprobiert werden. Konfrontation mit anderen Jugendlichen ist wichtig und bringt neue Erfahrungen.

Innerhalb der Gruppe verändert sich ständig das Gruppenverhalten. Rangordnung und Status der einzelnen Gruppenmitglieder werden immer wieder neu bestimmt. Der Umgang mit diesem Gruppenverhalten ist herausfordernd und benötigt psychische Kraft.

In gut funktionierenden Gruppen, wie etwa Schulklassen, entwickeln sich Rangordnungen. Nicht selten gewöhnen sich Jugendliche daran, in Gruppen immer wieder ähnliche Rollen zu spielen (Anführer/in, Mitläufer/in, Beobachter/in, Außenseiter/in). Häufig übernimmt eine Jugendliche, ein Jugendlicher, die Rolle der Anführerin, des Anführers. Jugendliche, die einen hohen Status bzw. Rang einnehmen, sind meistens aktiver, mehr nach außen gewandt, begeisterungsfähiger und weniger bereit, sich Vorschlägen von außen kritiklos anzupassen. Sie können gut auf Veränderungen der Gruppenstimmung reagieren und sind auch bereit, auf die Wünsche und Vorstellungen der anderen Jugendlichen einzugehen.

Wenn Jugendliche in der Gleichaltrigengruppe wenig Einfluss und Anerkennung haben, ist die Ursache oftmalig darin zu sehen, dass sie sich entweder meistens zurückziehen und ängstlich und verschlossen sind oder aber impulsiv und unbeherrscht reagieren. Diese Jugendlichen fühlen sich an Gruppenentscheidungen weniger gebunden und werden daher leicht als Störenfriede empfunden und erhalten Außenseiterpositionen. Obwohl sie regelmäßig andere Auffassungen vertreten als die meisten Gruppenmitglieder, sollten auch sie immer wieder die Gelegenheit haben, ihren Standpunkt zu vertreten. Dadurch kommt es zu einem Diskussionsprozess und zum Austausch von verschiedenen Meinungen. Auf diese Art und Weise wird soziales Lernen ermöglicht.

4.6 Veränderung der Beziehung zu den Eltern gestalten

Liebe Mutter, lieber Vater! Die nötige Veränderung der Beziehung zu den Kindern und Jugendlichen und damit einhergehend die nötige Ablösung löst meistens zwiespältige Gefühle sowohl auf der Seite der Eltern als auch auf der Seite der Jugendlichen aus. Dies erklärt auch die oft sehr unterschiedlichen und immer wieder abrupt wechselnden Botschaften in Bezug auf Nähe und Distanz. Trotzdem ist gerade jetzt wichtig, die Selbstständigkeitsbestrebungen zu unterstützen und kein schlechtes Gewissen zu erzeugen!

Besonders ab dem dreizehnten Lebensjahr pochen die Jugendlichen auf mehr Selbstständigkeit und Eigenverantwortung. „Mama, du behandelst mich wie ein Kind!" – „Papa, ich will von dir nicht ständig vorgeschrieben bekommen, was ich zu tun habe!" Vor allem am Ende der Pubertät kommt es zu größeren und vehementeren Selbstständigkeitsbestrebungen. Diese sollten so gut wie möglich unterstützt werden. Eines der wichtigsten Erziehungsziele ist die Selbstständigkeit.

Ein Problem ist, dass die Jugendlichen auf Grund der langen Ausbildungswege immer öfter sehr lange in finanzieller Abhängigkeit vom Elternhaus stehen. Einerseits sollen bzw. müssen sie eigenverantwortlich handeln, andererseits können sie in vielen Belangen nicht selbst entscheiden und sind auf den guten Willen und die Unterstützung der Eltern angewiesen. Eltern werden oft dazu verleitet, diese Macht auszunützen und dem Kind vorzuschreiben, was ihrer Meinung nach zu tun ist.

Die Zeit, die jeweils mit einem Elternteil verbracht wird, verringert sich über das Jugendalter hinweg nur langsam. Lediglich die verbrachte Zeit mit der gesamten Familie wird weniger. Das bedeutet, dass Eltern auch über das Jugendalter hinaus relevante Bezugspersonen sind. Sie werden auch im späten Jugendalter noch gleichbedeutend mit Freunden als primäre und wichtige Ansprechpartner für verlässlichen Rat betrachtet.

Bei Autonomie geht es im Unterschied zur Unabhängigkeit um Selbstbestimmung, also das eigenständige Entwickeln, Auswählen und Verfolgen von Zielen. Autonomie ist nicht gleich Unabhängigkeit, welche bedeutet, nicht auf die Unterstützung anderer Personen angewiesen zu sein. Sowohl finanziell als auch im sozialen Bereich ist für Kinder und Jugendliche das selten der Fall.

Forschungsergebnisse zeigen, dass die Entwicklung von Unabhängigkeit und Selbstständigkeit nicht im Gegensatz zum Erhalt einer engen oder sicheren Beziehung zu den Eltern verläuft, sondern im Gegenteil dadurch eher gefördert wird. Die Machtstruktur verändert sich zu einer gleichberechtigten Beziehung.

Es kommt zu Bestrebungen nach mehr Selbstständigkeit, das Bedürfnis nach Eigenverantwortlichkeit für die Gestaltung des Lebens steigt. Probleme ergeben sie daraus, dass in modernen Gesellschaften die „biologische" und die „soziale" Reife weit auseinanderklaffen. Das heißt, viele Jugendliche sind mit zirka siebzehn Jahren schon sehr reif, haben ihre Pubertät abgeschlossen, befinden sich aber häufig auf Grund ihrer Ausbildungssituation (fehlender Schulabschluss, Studium) und ihrer daraus resultierenden finanziellen Situation immer noch in starker Abhängigkeit von den Eltern. Sie sind noch nicht in der Lage, völlig unabhängige Entscheidungen zu treffen, da sie noch nicht über die Position und die Mittel verfügen, um über sich selbst bestimmen zu können. Dadurch kann es zu einer länger andauernden Pubertätskrise kommen. Konflikte zu Hause, in der Schule oder am Arbeitsplatz können die Folge davon sein.

Jugendliche müssen ihre Beziehung zum anderen Geschlecht neu ordnen. Neue Rollen und davon abgeleitete neue Verhaltensweisen müssen gelernt werden. Auch diese Entwicklungsaufgabe ergibt Unsicherheiten und führt zu Belastungen.

Auf Grund dieser Schwierigkeiten haben die Jugendlichen ein verstärktes Bedürfnis nach neuen partnerschaftlichen Kontakten. Sie suchen Beziehungen, in denen sie nicht als Kinder, sondern als gleichberechtigte Erwachsene behandelt werden und trotzdem über ihre Sorgen und Unsicherheiten offen sprechen können. Die Gleichaltrigengruppe übernimmt diese Funktionen. Sie gibt Sicherheit und Bestätigung und stellt das wichtigste Übungsfeld für das Erlernen neuer Rollenmuster dar.

Wenn es Eltern gelingt, ihrerseits diesen Rollenwechsel zu vollziehen, dann kann im Laufe der Pubertät eine veränderte, tragfähige Beziehung entstehen.

Die Ablösung erfolgt zunächst im Verhalten. Die Jugendlichen beginnen immer mehr, ihre Freizeit selbstständig zu gestalten und wenden sich in ihrer Freizeit Gleichaltrigen zu. Das Umfeld, in dem sich die Jugendlichen bewegen, wird erweitert. Dadurch werden die Kontrollmöglichkeiten der Eltern immer mehr eingeschränkt. Wenn Gespräche mit den Kindern häufig den Charakter von Kontrollmaßnahmen über schulische Ereignisse und Freizeitaktivitäten haben, werden diese immer seltener. Die Chance, die Beziehung zu verändern und auf eine neue Basis zu stellen, wird dadurch verringert.

Die emotionalen Bindungen an die Eltern verändern sich, bestehen aber weiter fort. Mutter und/oder Vater bleiben lange die Personen, die den Jugendlichen am nächsten stehen und auf die sie sich bei Schwierigkeiten verlassen können. Erst gegen Ende des Jugendalters können andere Personen wie Freundinnen und Freunde, Lebenspartnerinnen und Lebenspartner diese Position einnehmen.

Die Ablösungsprozesse und die Übernahme neuer Rollen bedingen die Tendenz von Jugendlichen, Verhaltensweisen zunächst einmal auszuprobieren, ohne sich von Seiten der Erwachsenen beeinflussen zu lassen.

Jugendlichen wird es umso leichter gelingen, eine selbstständige und unabhängige Stellung einzunehmen, ohne mit den Eltern in Konflikt zu geraten, wenn Eltern bereits vor der Pubertät ihrer Kinder eine verständnisvolle, gefühlvolle und zugewandte Grundhaltung einnehmen. Ebenso sollten Eltern das natürliche Selbstständigkeitsbestreben unterstützen sowie unnötige Verhaltensbeschränkungen vermeiden.

4.7 Gewinnung emotionaler Unabhängigkeit von Erwachsenen

Lob und Kritik können auch Manipulation sein. Wenn Verhalten nicht von persönlichen, freien Entscheidungen, sondern von erwartetem Lob oder erwarteter Kritik, Zustimmung oder Ablehnung anderer Personen abhängig ist, bleibt es immer noch manipulierbar. Insofern muss die Gewinnung emotionaler Unabhängigkeit von den Eltern und anderen Erwachsenen und Gleichaltrigen erfolgen. Entscheidungen sollten auf Grund eigener Überlegungen getroffen werden können.

4.8 Verantwortung für das eigene Handeln und Verhalten übernehmen

Diese Entwicklungsaufgabe, aber auch Chance, bedeutet, selbst Entscheidungen zu treffen, Handlungsmöglichkeiten zu nutzen und für die Folgen der Handlungen Verantwortung zu übernehmen.

Diese Entscheidungen betreffen zum Beispiel den Umgang mit zur Verfügung stehender Zeit, mit Geld und Besitz, mit Medien, mit dem eigenen Körper und anderem mehr.

Eine Grundlage für die Übernahme von Verantwortung für das eigene Handeln und Verhalten ist, dass Grundwissen über den Heimatstaat und dessen Gesetze, also vom Staat festgelegte, rechtlich bindende Vorschriften, vorhanden ist.

Die Entwicklung des moralischen Urteils, das heißt, zu wissen, was gut oder schlecht ist, erlaubt ist und was nicht, erfolgt in mehreren Stufen. Knapp vor Schuleintritt können Kinder bereits zwischen gut und schlecht unterscheiden. Sie halten sich dabei aber vollständig an das, was ihre Eltern oder andere wichtige Bezugspersonen für gut oder schlecht halten. Alles, was erlaubt ist und belohnt wird, gilt als gut, alles was bestraft wird, gilt als böse. Dieses Moralverhalten ist noch völlig von außen gesteuert, also fremdbestimmt.

Ab dem siebten bis ungefähr zum zwölften Lebensjahr entwickelt sich ein selbstbestimmtes moralisches Urteilsvermögen. Normen und Regeln werden gekannt und beachtet, aber nicht immer aus eigener Überzeugung befolgt, sondern weil sie von Personen, die den Kindern wichtig sind, für „gut", „brav" oder „vorbildlich" gehalten werden und von ihnen geschätzt werden wollen. Aber auch um den Druck von Autoritätspersonen zu berücksichtigen oder ihm auszuweichen.

Allerdings wird in dieser Phase bereits gewusst, welches das richtige Verhalten wäre, auch wenn man sich regelwidrig verhält. Die Kinder sind aber nicht mehr völlig von Lob und der Zustimmung oder der Strafe von Erwachsenen abhängig. Ein eigenes Gerechtigkeitsgefühl entwickelt sich. Die Gruppe der Gleichaltrigen wird ein neuer Einflussfaktor.

Die Kinder und Jugendlichen erleben, dass Eltern, Lehrerinnen und Lehrer auch unterschiedlicher Meinung über Erlaubtes oder Nichterlaubtes sind. In dieser Altersstufe lösen die Kinder und Jugendlichen den dadurch auftretenden Konflikt so, dass sie nach Regeln suchen, die absolut und ohne Ausnahme gelten. Sie sind noch nicht in der Lage, besondere Umstände, die ein Abweichen von der Regel gestatten, zu berücksichtigen. Kindern in dieser Altersstufe ist schwer begreiflich zu machen, dass zum Beispiel Vorfahrtsregeln im Straßenverkehr existieren, es aber möglich ist, aus Höflichkeit und wenn niemand anderer gefährdet wird, dem anderen die Vorfahrt zu überlassen. Eine derartig schwierige Entscheidungssituation erfordert bereits bestimmte intellektuelle Fähigkeiten und auch eine andere Einstellung zu Gerechtigkeit.

Ab dem zwölften Lebensjahr können Jugendliche auch besondere Umstände angemessen berücksichtigen und Abweichungen von einer Regel akzeptieren, wenn dies im Sinne eines übergeordneten Grundsatzes möglich ist.

Erst spät kommt es bei Jugendlichen zu selbstständigen, von eigenen Überzeugungen getragenen Urteilen über verhaltensleitende Normen. Zuerst werden Regeln eingehalten, weil sie für notwendig erachtet werden, damit das Zusammenleben in der Gesellschaft überhaupt möglich ist. Erst am Ende dieser Entwicklung orientieren sich junge Erwachsene am eigenen Gewissen, gleichgültig welche Folgen ihr Handeln hat. Bis dahin spielen sämtliche dargestellte Urteilsformen bei Jugendlichen eine Rolle.

Es handelt sich allerdings nicht um eine Entwicklungslinie, sondern um mehrere, ineinandergreifende Prozesse in der jeweiligen persönlichen Lebensgeschichte. Es gibt einen verstandesmäßigen und einen gefühlsmäßigen Anteil. Eine große Rolle spielen auch Abläufe und Entwicklungen, welche die Anpassung, Eingliederung und Einordnung in die jeweilige Gesellschaft betreffen. Zunehmend mit dem Alter der Kinder und Jugendlichen werden gesellschaftliche Regeln deshalb eingehalten, weil sie für notwendig erachtet werden, damit das Zusammenleben in der Gesellschaft funktioniert.

Die Gleichaltrigengruppe hat in der Pubertätsphase eine zentrale Stellung. Wenn die Gruppe sich für oder gegen etwas entscheidet, fällt es dem Einzelnen erfahrungsgemäß sehr schwer, sich gegen diese Entscheidung zu stellen. Je wichtiger die Gleichaltrigengruppe ist, desto entscheidender können Kinder und Jugendliche im positiven wie im negativen Sinne beeinflusst werden.

Auch wenn Jugendliche moralische Prinzipien verinnerlicht haben und sich in andere einfühlen und in die jeweilige Lage des anderen versetzen können, heißt das noch nicht, dass immer prosoziales Verhalten gezeigt wird. Derartiges Verhalten ist auch von der jeweiligen Situation abhängig.

Bedingt durch die Krisensituation der Pubertät und die notwendigen Ablösungsprozesse von Eltern, Lehrerinnen und Lehrern kann es dazu kommen, dass sich Jugendliche nur deshalb gegen bestimmte Regeln und Gesetze stellen, weil sie von den Erwachsenen aufgestellt und bestimmt wurden. Sie würden diese Regeln akzeptieren, wenn sie diese als das Ergebnis einer eigenen Entscheidung erleben könnten.

Ebenfalls ist zu berücksichtigen, dass die Gruppe der Gleichaltrigen eine entscheidende Rolle einnimmt, weshalb die Vermittlung von Normen und Wertvorstellungen auch über die Gruppe erfolgen sollte. So werden Jugendliche zu einer verantwortlichen und selbstständigen Einstellung zu Normen und Werten fähig.

4.9 Herrschaft über sein inneres System bekommen

Eine wichtige Entwicklungsaufgabe ist, die Herrschaft über sein inneres System, die „Ich-Identität" zu bekommen. Das bedeutet, dass man sich selbst motivieren kann, sich selbst Befehle geben und sich selbst steuern kann. Dazu gehört auch, sich selbst Ziele zu setzen und diese zu erreichen.

Da die Pubertät eine Phase ist, in der die Anstrengungsvermeidung aus unterschiedlichen Gründen zunehmen kann, ist diese Entwicklungsaufgabe eine besondere Herausforderung. Elterliche Maßnahmen wie Strafen und Streichen von Vergünstigungen sind nicht zielführend, sondern bewirken oft nur das Gegenteil von dem, was gewünscht und erreicht werden soll.

Die Jugendlichen sollen zunehmend mehr Verantwortung übernehmen. Dies sollte sich aber nicht nur auf die Pflichten beschränken, sondern auch Rechte beinhalten. Zum Beispiel ein Mitspracherecht bei wesentlichen Entscheidungen.

Zunehmend mit dem Alter hören Kinder und Jugendliche Leistungsbeschreibungen nicht mehr nur von außen, sondern übernehmen sie ins Innere, in ihre eigenen Gedanken. Sie lernen, sich selbst Mut zuzusprechen und Befehle zu geben. Manche Jugendliche haben bereits im Grundschulalter eine Haltung erworben, sich selbst durch negative Gedanken zu demotivieren und die Zeit, die zur Lösung von Aufgaben verwendet werden soll, mit solchen Sorgengedanken zu verschwenden. Diese Haltung wurde und wird häufig noch durch negative Rückmeldungen durch die Erziehungsverantwortlichen verstärkt. Hier können entsprechende Lerntrainingsprogramme, in denen ein gutes und zielführendes Lernverhalten gelernt wird, Abhilfe schaffen.

Zu sich selbst motivieren können gehört auch, dass gewusst wird, wofür. Der Aufbau eines Wertesystems ist daher wichtig und wesentlich und wird im folgenden Kapitel behandelt.

4.10 Aufbau eines Wertesystems

„Was ist mir wichtig? Welche Werte meiner Eltern bzw. der Umgebung übernehme ich? Welche lehne ich, auch vorübergehend, ab?" – diese wichtigen Fragen stehen am Beginn dieses Prozesses. Der Aufbau eines Wertesystems und eines ethischen Bewusstseins sowie die Entwicklung einer Weltanschauung dienen als Richtlinie für das eigene Verhalten. Sie enthält die Frage nach dem persönlichen Einsatz für persönliche Werte. Mitsprache, Teilhabe und die Menschenrechte können solche Werte sein.

Dies sollte zu einer Aneignung und Verinnerlichung anerkannter gesellschaftlicher Werte, Sitten, Normen und sozialer Rollen und dem Aufbau einer eigenständigen Struktur von Normen und Werten führen. Zu Normen gehören zum Beispiel Höflichkeit, entsprechendes, anerkanntes Verhalten in der Öffentlichkeit und alle rechtlichen Normen. Werte können Demokratie, freie Wahlen, Gerechtigkeit, Solidarität, freier Wettbewerb, Unantastbarkeit von Eigentum und dergleichen sein. In modernen Gesellschaften kommt es immer wieder zu einem uneinheitlichen und widersprüchlichen Gemisch aus sehr verschiedenartigen Ansichten, Weltanschauungen und Werten. Kindern und Jugendlichen entstehen dadurch Probleme, sich zu orientieren und zu entscheiden, welche Werte sie sich aneignen und verinnerlichen sollen.

Dahinter steht auch die Frage nach Sinnkonzepten und deren Bedeutsamkeit und Wichtigkeit. Worin finden Menschen ihren Lebenssinn? Religiöse Zielsetzungen und Sinnfindungskonzepte werden in dieser Lebensphase kritisch hinterfragt, ebenso gesellschaftliche Vorgaben.

Viele Menschen finden ihren Lebenssinn im Alltagsbereich, messen ihn an praktischen Folgen und Ergebnissen, je nach Situation, den Tatsachen, wie zum Beispiel sich eine finanzielle und materielle Grundlage zu schaffen oder im Beruf erfolgreich zu sein. Auch die vermuteten oder bekannten Erwartungen der Eltern spielen eine Rolle.

4.11 Entwicklung eines sozial verantwortungsvollen Verhaltens

Diese Entwicklungsaufgabe und Chance enthält das Verantwortungsbewusstsein gegenüber Mitmenschen sowie deren Interessen und Wohlergehen. Dazu gehört das Engagement für das Gemeinwohl, die Auseinandersetzung mit der eigenen Rolle in der Gesellschaft, die Beschäftigung mit Politik als auch Umwelt und ethischen, aus der Philosophie und den Weltreligionen stammenden Grundsätzen. Damit in Zusammenhang steht die Entwicklung von Perspektiven für die Zukunft.

4.12 Entwicklung von Perspektiven für die Zukunft

Für ein selbstständiges und selbstbestimmtes Leben sind Gedanken und Vorstellungen über die Zukunft nötig. Die Vorbereitung auf den Beruf und auf Partnerschaft und Familienleben sind Bestandteile davon.

Vorbereitung auf den Beruf

Die Berufsfindung stellt eine große Entwicklungsaufgabe, aber auch Chance dar. Manche Kinder und Jugendliche machen sich schon frühzeitig Gedanken, welchen Beruf sie einmal ergreifen wollen, andere sind weit davon entfernt. Diese Jugendlichen sind später häufig überfordert, wenn schulische Richtungs- und Ausbildungsentscheidungen getroffen werden müssen.

Im Fall von schulischen und beruflichen Entscheidungen ziehen junge Menschen immer noch gerne ihre Eltern, Lehrerinnen/Lehrer und andere Vertrauenspersonen zu Rate. Möglichst viele Informationen sollen eingeholt werden und Richtungsentscheidungen wollen gut überlegt sein. Sollte sich eine Entscheidung als falsch herausstellen, so ist so rasch wie möglich eine Korrektur anzustreben.

Einige Jugendliche befassen sich nicht mit Gedanken über die Berufswahl und landen dann oft per Zufall in irgendeinem Beruf. Andere machen sich ganz gezielt Gedanken darüber, wer sie sind und was sie erreichen können. Sie suchen sich sehr gezielt einen Beruf aus. Eltern, Lehrerinnen und Lehrer sollten diesen Prozess frühzeitig unterstützen. Es gibt Möglichkeiten für Berufswahl- und Berufsinteressenstests. Gelegenheiten, verschiedenen Berufe kennen zu lernen und realistisch einschätzen zu können, sollten wahrgenommen werden. So kann die berufliche Entwicklung vorangetrieben und es können persönlich wichtige Ziele angesteuert werden.

Berufsausbildungen werden häufig unterschätzt. Viele Jugendliche wissen nicht, dass sie, auch wenn sie die Schule verlassen und eine Lehre machen, weiterhin in eine Berufsschule gehen müssen. Werden sie damit konfrontiert, überlegen sie sich einen voreiligen Schulabbruch besser. Ein Nachdenkprozess sollte angeregt und ermöglicht werden. Durch einen Ferialjob oder ein Berufspraktikum werden irreale Vorstellungen von einem Beruf durch realistische ersetzt. So können tragfähige Entscheidungen vorbereitet werden.

Vorbereitung auf Partnerschaft und Familienleben

Die Vorbereitung auf eine Partnerschaft und ein späteres Familienleben beginnen bereits sehr früh. Eltern haben hier eine Vorbildfunktion. Soziale Fertigkeiten im Umgang mit anderen Personen und dem anderen Geschlecht müssen geübt werden.

Fehlgeschlagene Anbahnungsversuche, erste feste Freundschaften, Trennungen und nicht gelungene Beziehungen zu verkraften sind einige der Herausforderungen, die Jugendliche in dieser Vorbereitungszeit zu bewältigen und zu üben haben. Diesbezüglich ist die feststellbare Verlängerung dieser Entwicklungsphase bis ins dritte oder vierte Lebensjahrzehnt von Vorteil. Die Entwicklungsaufgaben können dadurch erfolgreicher bewältigt werden.

Fähigkeiten, welche für ein selbstständiges und selbstbestimmtes Leben notwendig sind, müssen während der Zeit der Pubertät bereits zumindest in Ansätzen erlernt werden. Der Erwerb von weiteren Lebenswelt- und Schlüsselkompetenzen ist dafür nötig, wie im nächsten Kapitel beschrieben wird.

4.13 Entwicklung weiterer Lebenswelt- und Schlüsselkompetenzen

Dazu gehört der Umgang mit Ressourcen wie Zeit, Geld und Eigentum. Besonders der Umgang mit Geld sollte in dieser Zeit bereits beherrscht werden. Beginnend im Grundschulalter und darauf aufbauend sollten die Fähigkeiten erlernt werden, verantwortungsbewusst mit den eigenen finanziellen Mitteln umgehen zu können und ein eigenes Konto zu führen.

> Elternfrage zum Umgang mit finanziellen Mitteln: *Woran erkenne ich, ob etwas wichtig ist, was er gerne haben möchte? (z. B.: neues Handy)*
>
> Empfehlung: Fragen Sie den Jugendlichen, ob er bereit ist, etwas von seinem eigenen Geld dafür zu verwenden und wieviel.

Grundlagen für Umweltkompetenz sowie politische Kompetenz sollten bereits über den Schulunterricht gelernt worden sein und in der Freizeit weiterentwickelt werden.

Weitere zu erwerbende acht Schlüsselkompetenzen wurden von der Europäischen Union auf Grund einer Empfehlung des Europäischen Parlaments vom 18.12.2006 für lebensbegleitendes Lernen im europäischen Referenzrahmen festgelegt. Kompetenzen wurden unter anderem definiert als eine Kombination aus Wissen, Fähigkeiten und Einstellungen, die an das jeweilige Umfeld angepasst sind.

Die acht Schlüsselkompetenzen für lebensbegleitendes Lernen nach europäischem Referenzrahmen:

„**Muttersprachliche Kompetenz:** die Fähigkeit, Konzepte, Gedanken, Gefühle, Tatsachen und Meinungen sowohl mündlich als auch schriftlich ausdrücken und interpretieren zu können.

Fremdsprachliche Kompetenz: wie oben, jedoch umfasst die Kompetenz zusätzlich Vermittlungsfähigkeit (d. h. Zusammenfassen, Paraphrasieren, Interpretieren oder Übersetzen) und interkulturelles Verständnis.

Mathematische und naturwissenschaftlich-technische Kompetenz: gute Rechenkenntnisse, ein Verständnis der natürlichen Welt und die Fähigkeit, Wissen und Technologien auf festgestellte menschliche Bedürfnisse anzuwenden (zum Beispiel im Bereich Medizin, Verkehr oder Kommunikation).

Computerkompetenz: sichere und kritische Anwendung der Informations- und Kommunikationstechnologien für Arbeit, Freizeit und Kommunikation.

Lernkompetenz: die Fähigkeit, sein eigenes Lernen, sowohl allein als auch in der Gruppe, zu organisieren.

Soziale Kompetenz und Bürgerkompetenz: die Fähigkeit, effizient und konstruktiv am gesellschaftlichen und beruflichen Leben teilzuhaben und sich aktiv und demokratisch zu beteiligen, insbesondere in zunehmend von Vielfalt geprägten Gesellschaften.

Eigeninitiative und unternehmerische Kompetenz: die Fähigkeit, Ideen durch Kreativität, Innovation und Risikobereitschaft in die Tat umzusetzen, sowie die Fähigkeit, Projekte zu planen und durchzuführen.

Kulturbewusstsein und kulturelle Ausdrucksfähigkeit: die Fähigkeit, die kreative Bedeutung von Ideen, Erfahrungen und Gefühlen durch verschiedene Medien wie Musik, Literatur und visuelle und darstellende Künste anzuerkennen." (EUR-Lex, Lebensbegleitendes Lernen und Schlüsselkompetenzen, o.J.)

4.14 Zusammenfassung

Liebe Eltern! Das sind die wichtigsten Entwicklungsaufgaben und nicht zuletzt Chancen sowie sich daraus ergebende neue Perspektiven. Sicher gibt es dazu noch Ergänzungen. Aber allein diese Aufzählung zeigt, welchen enormen Entwicklungsschub die Jugendlichen in dieser Zeit zu leisten haben. Und da kann es schon einmal passieren, dass es zu erhöhter Reizbarkeit, einem Wutausbruch oder einem Überlastungssyndrom bis hin zu einer Depression kommt. Doch wenn diese enormen Aufgaben und Anforderungen von Seiten der Erwachsenen gesehen und berücksichtigt werden, kann die Zeit der Pubertät eine gute Entwicklungsphase für alle Beteiligten werden.

5   Entwicklungsaufgaben und Chancen von Eltern

Liebe Eltern! Sie werden etwas verwundert sein, aber nicht nur die Jugendlichen haben ihre Entwicklungsaufgaben zu absolvieren, auch die Eltern! Entwicklung ist ein ständiger Prozess, das ganze Leben lang. Und jetzt kommen neue Herausforderungen auf Sie zu!

Mit dem Beginn der Pubertät machen Kinder und Jugendliche neue Erfahrungen, deren emotionale Qualität, positiv wie negativ, stärker ist, als sie es bisher gewohnt waren. Die Pubertät beginnt, aber die Weiterentwicklung von Wahrnehmung und Denken steht erst am Anfang. Unterstützung durch das Umfeld ist daher nötig. Diese Unterstützung zu geben fällt Eltern häufig deshalb schwer, weil die Situation für sie selbst neu und ungewohnt ist. Umso wichtiger ist, sich darüber im Klaren zu sein, dass diese Zeit auch für die Eltern eine Zeit des Hinterfragens aber auch des Bewahrens von bisherigen Grundsätzen ist. Anregungen dazu sind in den folgenden Kapiteln zu finden.

5.1   Vorbild sein und bleiben

Liebe Mutter, lieber Vater! Umso älter Kinder und Jugendliche werden, umso kritischer werden sie und das ist auch gut so! Sie beobachten ihre Eltern und andere Erwachsene sehr genau und prüfen, ob diese glaubwürdig sind und ob sie das, was sie von ihnen verlangen, auch selbst umsetzen. Diese kritische Haltung beginnt meistens bei den Eltern, zuerst bei der Mutter, dann beim Vater. Sehen Sie das als Vertrauensbeweis! Nur wenn sich eine Jugendliche, ein Jugendlicher einer Beziehung sicher ist, traut sie sich, traut er sich, auch einmal nicht zu entsprechen.

Seien Sie sich Ihrer Vorbildwirkung bewusst. Und verlangen Sie nichts von den Kindern und Jugendlichen, was sie nicht auch von sich selbst verlangen würden!

> **Man erzieht durch das, was man sagt,**
>
> **mehr noch durch das, was man tut,**
>
> **am meisten aber durch das, was man ist.**
>
> (Ignatius von Antiochien)

Dieses Zitat spricht sehr prägnant die Vorbildwirkung an. Über diese Vorbildwirkung werden auch viele Erziehungsziele vermittelt.

> Elternfrage: *Wie kann ich meinem Kind respektvollen Umgang mit seinen Geschwistern und anderen Menschen vermitteln?*
>
> Empfehlung: Selbst Vorbild sein sowie das Thema immer wieder mit den Kindern und Jugendlichen diskutieren.

Eine weitere wichtige Entwicklungsaufgabe von Eltern ist die schrittweise Veränderung der Beziehung. Sich dem jeweiligen Entwicklungsstand anpassende Haltungen sollten eingenommen werden, wie in den folgenden Kapiteln zu lesen ist.

5.2 Unterstützende, förderliche Haltung einnehmen

Liebe Eltern! „Ich verlass mich auf dich!" Diese Haltung Kindern und Jugendlichen gegenüber zeugt davon, dass man ihnen etwas zutraut. Und dieses Vertrauen bewirkt, dass verantwortungsvoll damit umgegangen wird. Sie hatten viele Jahre lang Zeit, Ihre Kinder zu erziehen und Ihre Erziehungsbotschaften auszusprechen. Vertrauen Sie darauf, dass diese Botschaften wirken.

Unterstützung in der weiteren Entwicklung wird durch Verstärkung von positiven Eigenschaften durch Wahrnehmung und positive Rückmeldungen geleistet. Aber ebenso durch konstruktive Kritik, wenn diese gerechtfertigt ist. Lob, Anerkennung und Wertschätzung sind Motivatoren, die eine gelungene Persönlichkeitsentwicklung fördern.

5.3 Die Entwicklung Richtung Selbstständigkeit und Selbstverantwortlichkeit fördern und gutheißen

Auch wenn es bedeutet, dass sich die enge Beziehung zur Mutter, zum Vater stark verändert und ein Prozess des „Abschiednehmens" einsetzt, sollte die Entwicklung Richtung Selbstständigkeit und Selbstverantwortlichkeit positiv aufgenommen und begleitet werden.

Für Eltern kann die Pubertät ihrer Kinder ebenfalls eine Zeit der großen Umstellung und Belastung sein. Nicht selten sind Eltern diesbezüglich sehr zwiespältig eingestellt. Sie freuen sich über die zunehmende eigene Unabhängigkeit und die der Kinder, andererseits möchten sie die große Nähe zu den Kindern beibehalten. Probleme mit der Ablösung treten auf. Zum Beispiel kann es dazu kommen, dass Kinder nicht mehr an gemeinsamen familiären Freizeitaktivitäten und Verwandtenbesuchen teilnehmen wollen oder gemeinsam mit den Eltern in Urlaub fahren. Den Jugendlichen sollte in dieser Situation die Möglichkeit eingeräumt werden, eigene positive und negative Erfahrungen zu machen. Überbehütung dient nicht der positiven Entwicklung der Jugendlichen.

Ermutigen Sie das Kind, den Jugendlichen, in möglichst vielen Lebensbereichen selbstverantwortlich zu entscheiden und zu handeln. Glauben Sie mir, das sind mehr, als Ihnen spontan einfallen! Auch wenn das nicht immer sofort zum Erfolg führt und das gewünschte Ergebnis zeigt. Auch eine Entscheidung, die sich im Nachhinein als Irrtum und Fehler herausstellt, erfüllt ihren Lernzweck. Die Jugendlichen sind um eine Erfahrung reicher! Das nächste Mal machen sie es besser!

> Elternfrage: *Wo soll ich meine Kinder entscheiden lassen? Wo entscheide ich?* (Angaben zu den Kindern: weiblich, 12 Jahre / männlich, 14 Jahre)
>
> Empfehlung: Besprechung, Verhandlungslösung suchen, gemeinsame Entscheidung herbeiführen, Ergebnisse überprüfen

5.4 Reibebaum sein

Auf Grund der enormen Entwicklungsaufgaben und physischen und psychischen Veränderungen, speziell der Hormonumstellung, kann es immer wieder zu starken, sich rasch verändernden Stimmungsschwankungen wie Gereiztheit, Traurigkeit, Aggression, Überdrehtheit und dergleichen kommen. Jugendliche, welche sich zu Hause sicher und angenommen fühlen, benutzen dieses zu Hause als Rückzugsraum, in dem sie sich nicht immer gut benehmen müssen, ihre tatsächliche Gefühlslage zeigen und auch einmal abschalten und den Leistungsanforderungen, speziell der Schule, entrinnen können. Eltern und andere familiäre Bezugspersonen wie etwa Geschwister sind in dieser Zeit besonders gefordert. Sie müssen häufig als Reibebaum herhalten. Daher ist es immer eine Gratwanderung zwischen „Was lasse ich noch gelten, womit komme ich noch zurecht?" und „Wo muss ich Grenzen setzen?". Vielleicht hilft es, sich bewusst zu machen, dass es auch ein Vertrauensbeweis sein kann, wenn sich Kinder und Jugendliche nicht immer den Erwartungen entsprechend verhalten. Diese Kinder und Jugendlichen vertrauen darauf, dass ihre Eltern sie auch dann noch lieben.

Für Eltern ist in dieser Phase wichtig, selbst gute Bewältigungsstrategien zu haben. Dazu mehr im Kapitel „Bewältigungsstrategien" in diesem Buch.

5.5 Sicherheitsnetz sein

Eine äußerst wichtige Aufgabe von Eltern und Stiefeltern ist es, wie ein Sicherheitsnetz zu sein. Stellen Sie sich das so vor, wie Sie es vom Zirkus kennen. Oben turnen die Kinder und Jugendlichen wie Trapezkünstler herum, probieren neue Verhaltensweisen, neue Übungen, neue Kontakte und dergleichen aus. Wenn es gut geht, wird damit ihr Selbstvertrauen und Selbstwertgefühl sehr gestärkt. Sollte es einmal schief gehen und es kommt zu einem Absturz, dann ist das Sicherheitsnetz zur Stelle, um das Ärgste zu verhindern. Und auch, um Lernen durch Versuch und Irrtum zu ermöglichen. Durch mehrere Versuche werden die erforderlichen Fähigkeiten erworben.

Liebe Mutter, lieber Vater! Versuchen Sie, Ruhe zu bewahren und in weniger turbulenten Zeiten Kraft zu schöpfen, damit Sie bei einem möglichen Absturz helfen und Sicherheitsnetz sein können!

5.6 Unterstützungsleistungen bei der Berufsfindung

Immer wieder sind während der Schullaufbahn Entscheidungen zu treffen. Informationen müssen eingeholt und alle Für und Wider abgewogen werden. In der siebten Schulstufe betreffen Schulentscheidungen häufig auch schon den künftigen Beruf. In der Mitte der achten Schulstufe erfolgen die Anmeldungen zu weiterführenden Schulen. Bis dahin sollten die Jugendlichen wissen, wohin es in Bezug auf die künftige Berufslaufbahn gehen soll. Einerseits pochen die Jugendlichen in dem Alter bereits sehr auf ihre Selbstständigkeit und wollen Entscheidungen bereits allein treffen. Andererseits sind sie noch auf Unterstützungsleistungen und das Wissen von Seiten der Eltern angewiesen. Besonders bezüglich der weiteren Schullaufbahn gibt es viele Unsicherheiten und Fragen. Schulen bieten häufig Berufs- und Bildungsberatungen in Kooperation mit anderen Ausbildungseinrichtungen an. Darüber hinaus ist es angebracht und empfehlenswert, noch zusätzlich Bildungs- und Berufsberatung in Anspruch zu nehmen, welche von externen Organisationen (Wirtschaftskammern,

Berufsförderungsinstituten, Arbeitsmarktservice, Arbeiterkammern und dergleichen) angeboten werden. Dort erhältliches Informationsmaterial gibt Auskunft über verschiedene Berufsbilder und welche Fähigkeiten und Kenntnisse für einen Beruf nötig sind.

Eltern können sich überlegen und das Kind, die Jugendliche, den Jugendlichen diesbezüglich auch beobachten:
- Welche besonderen Fähigkeiten hat die Jugendliche/ der Jugendliche?
- Was macht die Jugendliche, der Jugendliche besonders gerne?
- Worin ist sie/er talentiert, welche Begabungen hat sie/er?
- Wofür zeigen sie/er besonders viel Einsatz?
- Kann sie/er gut mit Menschen sprechen und umgehen?
- Ist sie/er ein Technikfreak?
- Gibt es Hobbies, die sich auch als Beruf eignen würden?
- Zeigt die Jugendliche/der Jugendliche bereits Interesse an einem bestimmten Beruf?

Ebenso gilt es, Unterstützungsleistungen anzubieten:
- Verschiedenste Schulen und Ausbildungsmöglichkeiten gemeinsam besichtigen.
- Möglichst viele Informationen einholen.
- Sich gemeinsam über die unterschiedlichen Möglichkeiten beraten.
- Eventuell einen Ferialjob suchen oder ein Praktikum bzw. eine Schnupperlehre ermöglichen.

5.7 Die eigenen Werte hinterfragen und überprüfen

Die Jugendlichen hinterfragen mit fortschreitendem Alter so gut wie alles und besonders die von ihren Eltern vorgelebten Werte, welche oft aber auch nur gefordert und selbst nicht eingehalten werden. Und das ist gut so und auch für Sie als Mutter, als Vater, eine Chance, die bisher gelebten und für wichtig befundenen Werte zu hinterfragen. Inwieweit sind sie noch aktuell? Inwieweit wurden sie aus der eigenen

Kindheit und Jugend mitgenommen? Sind sie heute noch wichtig und tauglich? Oder bereits seit Jahren überflüssig und nur aus Gewohnheit weiter befolgt? Oder zwar nach außen kommuniziert, aber selbst doch nicht nach ihnen gelebt? Ist es notwendig, die bisher für wichtig befundenen Werte einmal zu überdenken oder auch neue Werte den bisherigen hinzuzufügen? Welche Anregungen können da die Jugendlichen geben und bieten? Welche Diskussionen und Auseinandersetzungen mit Kindern und Jugendlichen eignen sich dafür?

Liebe Mutter, lieber Vater! Nehmen Sie sich die Zeit und überlegen Sie folgende Fragen:

<u>Welche Werte waren mir bisher wichtig und wesentlich und weshalb?</u>

<u>Diese Werte möchte ich weiterverfolgen und weshalb:</u>

Diese Werte möchte ich zurücklassen und weshalb:

Diese Werte möchte ich verändern und für meine derzeitige Lebenssituation anpassen und weshalb:

Reflexionsbogen als Download unter
www.lebensbegleitung.at oder www.familienbegleitung.at

5.8 Die eigenen Kommunikationstechniken hinterfragen und weiterentwickeln

Anordnungen und Befehle, die bei jüngeren Kindern noch zum Erfolg führten, stoßen auf großen Widerstand, weil sich die Jugendlichen fremdbestimmt und nicht ernst genommen fühlen. Es wird von den Eltern über sie bestimmt, ob sie wollen oder nicht, ob sie die Anordnung verstehen oder nicht, sie gutheißen oder nicht. Und das reizt zum Widerstand. Eine Gegenfrage: „Was meinst du dazu? Hast du eine Lösung für dieses Problem? Können wir das besprechen?" nimmt die Jugendlichen ernst und stärkt gleichzeitig ihre Problemlösekompetenzen. Gemeinsam gefundene Lösungen werden außerdem öfter durchgehalten. Im Anschluss einige Empfehlungen dazu.

Tipps zum Kommunikationsverhalten
- so bleiben Sie mit Ihren Kindern und Jugendlichen in Kontakt:

- Den eigenen Standpunkt kennen und mit Argumenten vertreten können.
- Achtung und Respekt vor der Gesprächspartnerin, dem Gesprächspartner zeigen.
- Interesse bekunden.
- Augenkontakt halten.
- Auf meine und die Körpersprache der Gesprächspartnerin, des Gesprächspartners achten.
- Interessiert zuhören.
- Ausreden lassen, nicht unterbrechen.
- Spiegeln, kurz wiederholen, zusammenfassen: „Sehe ich das so richtig... .?", „Verstehe ich das so richtig... .?".
- Fragen stellen, zum Beispiel: „Wie siehst du...?".
- Keine Angriffe aussprechen, wie zum Beispiel: „Du hast schon wieder... .", „Du bist unordentlich... .", „Du hast die Hausaufgabe schon wieder nicht gemacht... ." und dergleichen. Angriffe bewirken eine Verteidigungshaltung und erschweren die konstruktive Problemlösung.

- „Ich, nicht man…". Von sich aus argumentieren: „Ich denke… .", „Ich sage… .", „Ich finde… .", „Ich bemerke… .", „Ich meine… ." statt: „Man sagt das so… .", „Man verhält sich so… ." Nicht seine persönliche Meinung hinter dem „man" verstecken!
- Keine Verallgemeinerungen: „Immer ist das so.", „Nie hörst du mir zu.", „Alle machen das so." Das erzeugt nur Widerspruch.
- Gefühle ansprechen: „Mich ärgert das… .", „Ich bin wütend… .", „Ich bin traurig… .", „Das freut mich… ."
- Seelische und körperliche Befindlichkeit berücksichtigen, zum Beispiel Müdigkeit.
- Umgang mit eventuell aufsteigender Aggression beachten und vielleicht eine Pause einlegen.
- Neuen Gesprächstermin vereinbaren.

Auf Du-Botschaften mit darin enthaltenen Angriffen wie zum Beispiel: „Du hast schon wieder… ." oder „Ständig machst du… ." kommen häufig nur Verteidigungsantworten und Rückzug. Wiederholt kommt es zu einer Eskalation, aber selten zu einer sinnvollen Lösung.

Besser sind folgende Formulierungen:

„Mich stört, wenn überall Unordnung herrscht. Hast du einen Vorschlag, wie wir das ändern können?"

„Ich finde, dass es für uns alle sehr stressig ist, wenn du die Hausaufgabe erst in der Früh machst. Können wir gemeinsam eine Lösung finden?"

Elternfrage: *Wie kann ich ein NEIN bei einem Jugendlichen durchsetzen?*

Empfehlung: Bei einem Jugendlichen fordert ein NEIN sofort Widerstand heraus. Ein NEIN sollte, wenn ausgesprochen, immer mit Argumenten unterlegt werden, die auch diskutiert werden können.

Elternfrage: *Was tun, wenn sich Kinder nicht an ausgemachte Dinge (Pünktlichkeit, Ordnung, Umgangsformen...) halten?* (Altersangaben zu den Kindern: 14 und 11 Jahre)

Empfehlung: Sind die Dinge wirklich ausgemacht, das heißt vereinbart oder verordnet? Gemeinsam mittels Verhandlungslösung eine Vereinbarung treffen, die nach einem bestimmten Zeitraum überprüft wird. Sich auch immer wieder die Frage stellen: Was ist in dieser Entwicklungsphase wirklich wichtig?

Elternfrage: *Wie gehe ich am besten damit um, wenn mein Kind mich (wahrscheinlich) hört, aber nicht befolgt, was ich sage, z.B. Räum dein Zimmer auf, schalt dein Handy aus oder er nicht zur festgesetzten Zeit heimkommt?* (Angabe zum Kind: Bub/Junge, 13 Jahre)

Empfehlung: Ein Jugendlicher in dem Alter lässt sich nicht mehr herumkommandieren. Mit Kommandos wird eher das Gegenteil erreicht und Widerstand herausgefordert. Überprüfbare Verhandlungslösungen anstreben.

Elternfrage: *Ich will ein Problem oder eine Sache, die nicht in Ordnung war, mit der Tochter besprechen. Sie schreit mich an, ich soll sie in Ruhe lassen und läuft ins Zimmer und schließt sich ein. Ich bin wütend und sie auch.* (Altersangabe: 11 Jahre)

Empfehlung: Passenden Zeitpunkt für ein Gespräch vereinbaren. Offensichtlich ist die Tochter gerade nicht in der Gefühlslage, um eine Besprechung durchzuhalten. Zu einem späteren Zeitpunkt argumentieren: „Das ist mein Problem, mein Anliegen... . Wie können wir das lösen, welche Vereinbarung können wir treffen?"

Liebe Mutter, lieber Vater! Es kommt immer wieder vor, dass Eltern ziemlich überrascht bemerken, dass das Kind bereits in der Pubertät ist und sich abzulösen beginnt. Sie wollen dann noch rasch vermeintliche Versäumnisse nachholen und beginnen mit einer Hochleistungserziehung. Und diese Haltung führt natürlich häufig zu Konflikten. Dieser Umstand ist zu berücksichtigen und gerade in dieser Zeit sollten eigene Konflikt- und Problemlösetechniken hinterfragt und weiterentwickelt werden. Mehr dazu im nächsten Kapitel.

5.9 Die eigenen Konflikt- und Problemlösetechniken hinterfragen und weiterentwickeln

Bei Konflikten mit Pubertierenden sollten häufiger Verhandlungslösungen gesucht, akzeptiert und weiterentwickelt werden. Eltern ordnen etwas an und bezeichnen das später als Abmachung oder Vereinbarung. Das führt dazu, dass sich die Jugendlichen nicht daran gebunden fühlen. Es ist besser, sie nach einem Lösungsvorschlag zu fragen, ihre Problemlösekompetenz mit einzubeziehen und eine Kompromisslösung zu finden, mit der beide Seiten zurechtkommen. Danach ist eine Vereinbarung zu treffen, zu welchem Zeitpunkt diese Lösung überprüft wird und ob sie alltagstauglich ist. Wenn nicht, muss eine neue gemeinsam erarbeitete Lösung gefunden werden.

Wenn Probleme über Anordnungen gelöst werden, ist immer wieder der Mutter oder Vater an der Reihe, sich Vorschläge und Lösungen einfallen zu lassen und die Kinder bzw. Jugendlichen müssen diese nur sabotieren. Sie haben ja keine Zeit investiert, sich keine Gedanken gemacht, sich keine Mühe gegeben, keinen Aufwand gehabt und fühlen sich daher auch nicht für eine verlässliche Durchführung zuständig. Deshalb ist es wichtig, die Kinder und Jugendlichen einzubinden und bei der Problemlösung mit einzubeziehen.

Bei Konfliktsituationen ist von Vorteil, wenn eine gute Gesprächskultur vorhanden ist. Konflikte sollten an- und ausgesprochen werden, ohne dass es zu unüberlegten Strafmaßnahmen kommt.

Folgende Anleitung kann dazu verwendet werden, um Konflikte Schritt für Schritt zu lösen.

Demokratische Lösung von Konflikten in der Familie

1. Problem definieren
- Was genau ist das Problem?
- Welche und wessen Bedürfnisse stecken dahinter?
- Verwendung von ICH-Botschaften bei der Problemermittlung: „Ich denke... .", „Ich finde... .", „Ich meine... .", „Mich stört... .", „Ich sehe das so... ." Keine Angriffe aussprechen: „Du lässt immer deine Sachen liegen... .", „Du hast schon wieder... ."

2. Problemlösungen suchen
- Brainstorming: Sammlung von Lösungsvorschlägen und Kompromisslösungen unter Einbindung aller Beteiligten.
- Problemlösungen gemeinsam erarbeiten. Verhandlungslösungen suchen, Vorschläge der Jugendlichen berücksichtigen.

3. Problemlösungen auswerten
- Besprechung: Welche Lösungen sind umsetzbar, wie und in welchem Zeitraum?
- Eine gemeinsame Kompromisslösung erarbeiten.

4. Sich gemeinsam für eine Problemlösung entscheiden
- Eine gemeinsame Entscheidung unter Beteiligung aller Familienmitglieder treffen.
- Alle Einzelheiten besprechen.
- Sicherstellen, dass alle alles richtig verstanden haben.
- Ausgewählte Lösung schriftlich festhalten.

5. Durchführung planen
- Gemeinsam entscheiden, wer bis wann was getan haben soll.
- Wie und wann erfolgt die Überprüfung?
- Den Zeitpunkt festlegen, wann und wie die Lösung überprüft werden soll.
- Ergebnis schriftlich festhalten und für alle sichtbar aufhängen bzw. an alle Beteiligten per elektronischer Nachricht verschicken.

6. Problemlösung überprüfen
- Einen Überprüfungszeitpunkt vereinbaren, ob das Ziel erreicht wurde.
- Beim vereinbarten Termin die gefundene Lösung und deren Durchführung überprüfen. Funktioniert die gefundene Lösung oder der gefundene Kompromiss?
  Wenn ja: Weiter so und einen neuen Termin für eine neuerliche Überprüfung festlegen.
  Wenn nein: Neuen Vorschlag der Jugendlichen einholen und eine neue Problemlösung erarbeiten.

Mit dieser Vorgangsweise werden die Kompetenzen von Jugendlichen gefördert und gefordert. Von einer Lösung, die sich die jungen Menschen ein Stück weit selbst erarbeiten, erkämpfen mussten, verabschieden sie sich nicht so leicht. Auch aus dem Grund, weil ja dann sofort wieder eine Lösung erarbeitet werden müsste.

Liebe Eltern! Am Anfang ist dieser Prozess oft mühsam, aber wie ich aus vielen Rückmeldungen von Eltern höre, sehr wirksam! Und auch für die Eltern entlastend. Meine Aufgabe als Mutter, als Vater kann ja nicht darin bestehen, mir ständig neue Lösungsstrategien einfallen lassen zu müssen und das Kind, die Jugendliche, der Jugendliche hat lediglich die Aufgabe, wenn ihr oder ihm diese Lösung nicht passt, nur dagegen zu sein. Und ich müsste wieder von vorne beginnen und eine neue Lösung suchen.

Lösungen, die für alle Beteiligten Vorteile bieten, sind anzustreben und werden von den Jugendlichen am häufigsten akzeptiert und auch befolgt.

Einleuchtende Argumente sind zielführender als Verbote und Anordnungen! Fragen der Jugendlichen nach dem Sinn und den Hintergründen sind an der Tagesordnung und zeugen von der Kritikfähigkeit der jungen Menschen.

Sie sind die Trainingspartnerin, der Trainingspartner, das Übungsfeld. Vielleicht gelingt es Ihnen, das als Vertrauensbeweis zu sehen!

<u>Elternfrage</u>: *Mündliche Absprachen werden ständig „vergessen" bzw. wird jede Abmachung nach dem sie geschlossen wurde wieder über den Haufen geworfen. Soll man mit einem Jugendlichen alles schriftlich vereinbaren und beide unterschreiben? (Angaben zum Kind: Bub, 15 Jahre)*

<u>Empfehlung</u>: *Eine Problemlösung gemeinsam suchen, vereinbaren und durchführen. Zu einem späteren Zeitpunkt die Lösung überprüfen.*

Neben der Weiterentwicklung von eigenen Konflikt- und Problemlösetechniken sind weitere Aufgaben zu bewältigen, wie in den folgenden Kapiteln zu lesen ist.

5.10 Umstrukturierung und Neuordnung der Beziehung akzeptieren

Der autoritative oder demokratische Erziehungsstil ermöglicht einen guten Übergang vom Kindes- in das Jugendalter. Damit gelingt die Entwicklungsaufgabe des Jugendalters, eine neue Rolle in der Familie aufzubauen, aus Kindern sollen Freundinnen und Freunde werden, besonders gut.

Wenn es Eltern schaffen, einen Rollenwechsel zu vollziehen, sich nicht mehr als die Chefinnen und Chefs zu sehen, die bestimmen, was zu tun ist, die dafür zuständig sind, alle Entscheidungen zu treffen und Anweisungen zu geben, die zu befolgen sind, dann kann nach einer stürmischen Phase, einer sogenannten Pubertätskrise, eine neue, andere, tragfähige, gleichwertige Beziehung aufgebaut werden.

Negative Entwicklungen der Beziehung in der Pubertät müssen nicht immer der Fall sein, vor allem, wenn vor der Pubertät eine gute Gesprächsbasis mit den Eltern vorhanden war und diese beibehalten wird. Die Pubertät wird in diesem Fall kaum als Krise erlebt und der Kontakt zu den Eltern im normalen Maße aufrechterhalten. Eine positive emotionale Grundhaltung und ein gutes Familienklima wirken einer Pubertätskrise entgegen.

Die Umstrukturierung und Neuordnung der Beziehung sollten akzeptiert und gutgeheißen werden. Üblicherweise werden Mutter und Vater auch in dieser Entwicklungsphase immer noch als jene Menschen genannt, die dem Jugendlichen am nächsten stehen, auf die sie sich bei Schwierigkeiten verlassen können und die das meiste Verständnis haben. Zunehmend bekommen aber Gleichaltrige und Freunde eine wichtige Rolle beim Besprechen von Problemen.

Liebe Mutter, lieber Vater! Auch wenn Ihr Kind jetzt immer selbstständiger wird, freuen Sie sich darüber! Es gibt ein Sprichwort für diese Zeit: „Man verliert ein Kind und gewinnt eine Freundin, einen Freund." Das bedeutet natürlich auch, dass es zu einer Umstrukturierung in Richtung einem gleichberechtigen Handeln und einer wechselseitigen Beziehung zwischen Eltern- und Kindergeneration kommt. Gleichzeitig sollen die Jugendlichen das Gefühl haben, dass sie sich auf ihre Eltern verlassen können, auch wenn sie sich vermehrt Freunden zuwenden!

Wenn sich der Ablöseprozess in Richtung „Ich mach das, obwohl es mir meine Eltern geraten haben" entwickelt, ist dies positiv zu sehen. Es erfolgt keine Konfrontation und Abnabelung um jeden Preis, sondern die Eltern können immer noch als Unterstützung gesehen werden. Das heißt, es ist möglich, sich die Meinung der Eltern anzuhören und Empfehlungen annehmen zu können. Dazu ist jedoch nötig, dass gleichberechtigtes, wechselseitiges Sprechen und Handeln zwischen gleichberechtigten Partnern erfolgt.

Loslassen, ein Stück weit auf Abstand gehen, aber gleichzeitig immer bereit sein, wenn Hilfe nötig ist, Unterstützungsleistungen reduzieren und Selbstständigkeit gutheißen, das Kind, die Jugendliche, den Jugendlichen als völlig eigenständige, für sich selbst verantwortliche Personen zu betrachten und zu behandeln: das sind gute Voraussetzungen, um eine neue Beziehungsebene zu schaffen.

5.11 Eigene Lebensperspektiven weiterentwickeln

Die Zeit der Pubertät und Adoleszenz ist eine Zeit der Veränderung, auch für Eltern. Diese können das Veränderungspotential der Kinder und Jugendlichen sehen und auch für sich nützen. Lern- und Entwicklungsprozesse finden über die gesamte Lebensspanne hinweg statt.

Auf Grund dieser Voraussetzungen können Eltern für sich selbst die folgenden Fragen stellen:

Was kann ich von den Jugendlichen lernen?

Wie reagiere ich auf neue Herausforderungen in meinem Umfeld, in der Wirtschaft, in der Gesellschaft?

Welche Perspektiven für die Zukunft eröffnen sich für mich, für uns?

Welche Mittel stehen mir zur Verfügung und wie gehe ich mit ihnen um?

Liebe Mutter, lieber Vater!
Die Zeit, in der die Kinder in der Pubertät sind, ist ein herausfordernder und ereignisreicher Lebensabschnitt. Wenn er vorbei ist, ist eine intensive Lebenszeit vorüber. Entlastungs- und Erholungsstrategien helfen sowohl während als auch nach dieser Phase.

Reflexionsbogen als Download unter
www.lebensbegleitung.at oder www.familienbegleitung.at

6 Die größten Herausforderungen für Eltern

Liebe Eltern! Während der gesamten Erziehungszeit, von der Geburt bis zur Volljährigkeit, gilt es für Eltern immer wieder kleinere und größere Herausforderungen zu bewältigen. Dabei ist eine Herausforderung, mit den Kindern und Jugendlichen mitzuwachsen, das heißt, Anforderungen und Unterstützungsleistungen dem Alter der Kinder und Jugendlichen entsprechend zu stellen und zu geben. Die folgenden Kapitel befassen sich mit den immer wieder von Eltern geschilderten größten Herausforderungen.

6.1 Grenzen setzen

Eines der häufigsten genannten Probleme besteht mit dem „Grenzen setzen" oder genauer gesagt, Strukturen aufbauen und flexibel, das heißt dem Alter entsprechend, mit ihnen umgehen.

Grenzen begleiten uns das ganze Leben lang. Wir haben viele Begrenzungen, die uns von außen auferlegt sind. Welche Grenzen fallen Ihnen spontan ein?

Liebe Mutter, lieber Vater! Hier haben Sie Platz, um Grenzen anzuführen – von anderen oder selbst auferlegte, natürliche, von Menschen geschaffene, einfache oder sehr komplizierte Begrenzungen. Sie werden erstaunt sein, wie viele Grenzen uns täglich begleiten.

✎ Grenzen:

Reflexionsbogen als Download unter
www.lebensbegleitung.at oder www.familienbegleitung.at

Wozu da also noch zusätzliche Grenzen setzen? Und noch dazu in der Erziehung unserer Kinder? Wozu muss ich als Mutter, als Vater, noch zu den natürlichen und/oder ohnehin vorhandenen Grenzen zusätzlich Grenzen setzen?

Grenzen setzen zum Schutz: Das ist in mehrfacher Hinsicht nötig. Zum Schutz des Kindes vor Gefahren der Umgebung. Das beginnt mit dem Krabbelalter. Hier müssen sinnvolle Grenzen gesetzt werden, um Unfälle und Verletzungen zu verhindern. Mit fortschreitendem Alter müssen Grenzen auch in Bezug auf physische und psychische Überforderungen gesetzt werden. Beispielhaft sei hier der Medienkonsum angeführt.

Besonders Schutzgrenzen sind in mehrfacher Hinsicht sehr wichtig: Schutz des Kindes oder Jugendlichen vor Unfällen, vor Verletzungen, vor nicht mehr rückgängig zu machenden psychischen und physischen Schädigungen. Eine für Jugendliche auf alle Fälle geltende Grenze ist das Jugendschutzgesetz. Bei dieser Schutzgrenze gibt es nur gut begründete und nur in Ausnahmefällen Verhandlungslösungen.

Es ist leichter, einem Kind und besonders Jugendlichen zu erklären, dass die Aufgabe der erwachsenen Bezugs- und Aufsichtspersonen, also der Eltern, Lehrerinnen und Lehrer und weiteren Erwachsenen darin besteht, Kinder und Jugendliche zu schützen. Und nicht einfach damit argumentiert wird: Ich bin die Erwachsene, der Erwachsene, ich habe zu sagen, was zu tun und zu unterlassen ist. Diese Argumentation erzeugt nur Widerstand, auch wenn die angeordnete Maßnahme an sich sinnvoll sein kann.

Grenzen können auch Orientierung und Sicherheit geben. Sie sind zum Anhalten. Man kann sich danach richten, sie können aber auch einengen und am Wachstum hindern. Deshalb sollte es mit dem Alter mitwachsende Grenzen geben. Das heißt, die Grenzziehung wird dem jeweiligen Alter und den sich entwickelnden Fähigkeiten angepasst.

Grenzen dienen auch dazu, soziales Lernen zu ermöglichen. Wie setze ich selbst Grenzen, wenn jemand meine Grenze nicht beachtet? Wie finde ich die Grenze meines Gegenübers heraus? Wie vermeide ich Grenzüberschreitungen?

Grenzen setzen kann auch dazu verwendet werden, um das Entwicklungspotential meines Gegenübers zu achten und zu fördern. Ich muss nicht jeden Wunsch erfüllen, ich muss nicht jeder Bitte nachkommen. Ich kann eine Grenze setzen und Nein zu einem geäußerten Wunsch äußern. Der andere und ganz besonders Kinder und Jugendliche haben oft brachliegende Fähigkeiten, die durch Verwöhnung und nachgiebigem Verhalten von Seiten der Eltern und Erziehenden nie genutzt werden.

Wie müssen Grenzen beschaffen sein?

Grenzen sollten umkehrbar sein. Sie sollten also nicht nur für Kinder bzw. Jugendliche gelten, sondern auch für die Erwachsenen. Ansonsten ist für Kinder und Jugendliche schwer verständlich, weshalb sie sich an auferlegte Grenzen halten sollen, die Erwachsenen aber nicht. Immer wieder entzünden sich daran massive Konflikte, weil Jugendliche es als sehr ungerecht erleben, wenn sie zum Beispiel nicht rauchen dürfen, weil sie auf ihre Gesundheit achten sollen, Erwachsene das aber tun.

Grenzen sollten auf Gegenseitigkeit bestehen. Das heißt, so wie sich Eltern gegenüber den Jugendlichen verhalten, so dürfen sich die Kinder und Jugendlichen auch gegenüber den Eltern verhalten. Kinder und Jugendliche beginnen immer kritischer zu werden und bemerken sofort, wenn Eltern von den Kindern ein Verhalten verlangen, das sie selbst aber nicht einhalten.

Auch in Bezug auf das sogenannte Nachahmungslernen ist dieser Umstand zu beachten. Kinder und Jugendliche übernehmen oft die Verhaltensweisen der Erwachsenen in ihrem Umfeld. Diese sind sich aber der starken Vorbildwirkung oft gar nicht bewusst und bemängeln dann ein Verhalten an den Jugendlichen, welches sie selbst vorgelebt haben.

Auf diese Gegenseitigkeitsregel können Eltern unter der Annahme, dass sie sich selbst danach verhalten, auch mit Nachdruck hinweisen:

„Ich respektiere dich, also hast auch du mich zu respektieren!"

„Ich lasse dich ausreden, also hast auch du mich ausreden zu lassen!"

> Elternfrage: *Was tun, wenn das Kind immer zurückredet, auch frech. Wie gehe ich damit um, wenn sie sehr frech ist und immer zurückredet?* (Angaben zum Alter: 11 Jahre)
>
> Empfehlung: „Ich spreche mit dir respektvoll und freundlich, also erwarte ich von dir auch, dass du respektvoll und freundlich mit mir sprichst!"

Grenzen müssen mit zunehmendem Alter der Kinder und Jugendlichen auch immer besser überlegt und begründet werden. Das heißt, sie müssen mit guten Argumenten untermauert werden und auch Nachfragen und möglichen Diskussionswünschen der Kinder und Jugendlichen standhalten.

Als Maßstab für richtiges Grenzen setzen dienen ethische Grundlagen aus der Philosophie und den Weltreligionen.

Grenzen setzen kann begründet werden mit der sogenannten „Goldenen Regel", enthalten in der Philosophie und allen Weltreligionen:

Philosophie:

Konfuzius (551 - 479 v. Chr.):
Lebenslang gültige Richtschnur des Handelns: Das ist gegenseitige Rücksichtnahme. Was man mir nicht antun soll, will ich auch nicht anderen Menschen zufügen.

Immanuel Kant (1724 - 1804 n. Chr.):
Wir sind von Natur aus gesellig und was wir bei anderen missbilligen, können wir redlicherweise bei uns nicht billigen.
Kategorischer Imperativ: „Nur nach derjenigen Maxime handeln, durch die du zugleich wollen kannst, dass sie ein allgemeines Gesetz werde".

Christentum:
„Alles, was du von anderen erwartest, das tu auch Ihnen!" (Mt. 7,12)

Judentum:
„Was dir verhasst ist, das tue keinem anderen an."

Islam:
„Keiner von euch ist wahrhaft gläubig, solange ihr nicht anderen wünscht, was ihr für euch selbst begehrt."

Buddhismus:
„Verletze andere nicht auf eine Weise, die auch dich verletzen würde."

Hinduismus:
„Tu keinem anderen an, was dir selbst wehtun würde."

„Kindgerecht":
„Was du nicht willst, dass man dir tu´, das füg´ auch keinem anderen zu!"

In der Erziehung ist darauf zu achten, dass keine unnötigen Grenzen gesetzt werden. Lernen heißt auch immer neugierig sein, erkunden, über seine Grenzen hinausgehen. Dieses Verhalten beginnt bereits im Krabbelalter. Und gestoppte Neugierde kann auch ein Auslöser von Wut und Zorn sein. Überdies ist auf die eigenen Kräfte zu achten. Wie viele Grenzen setze ich und wie kontrolliere ich sie? Sehr verwirrend und schädigend für Kinder und Jugendliche sind Grenzen, die willkürlich, launenhaft und nach jeweiliger Situation einmal so und dann wieder unbegründet völlig anders gehandhabt werden.

Wenn nötig, sollten Grenzen einerseits gleichbleibend, gut begründet und nachvollziehbar, aber gleichzeitig beständig mit dem Alter und den Fähigkeiten der Kinder und Jugendlichen mitwachsend, gesetzt werden. Dabei ist immer darauf zu achten, dass Erziehung gleichzeitig eine wechselseitige Beziehung ist. Die Vorbildwirkung ist nicht zu vernachlässigen, auch in Bezug auf den Umgang mit von Jugendlichen und von Eltern gesetzten Grenzen.

Die jungen Menschen sind immer mehr in der Lage, auch selbst Verantwortung und Aufgaben zu übernehmen. Die Eltern müssen nicht mehr dauernd die Erfüllungsgehilfen bei der Verwirklichung von Anliegen, Aufgaben und Wünsche sein. Und wenn, dann sind Hilfeleistungen auf Gegenseitigkeit zu erbringen.

Besonders zu betonen ist: Auch Eltern müssen sich an Regeln und Grenzen halten. Auch Eltern sind oft sehr unzuverlässig in der Einhaltung von Vereinbarungen, Regeln und Grenzen, obwohl sie das von ihren Kindern erwarten.

6.2 Nutzung von elektronischen Medien

Eine große Herausforderung für Eltern stellt die sich rasch wandelnde Nutzung von elektronischen Medien dar. Kinder und Jugendliche sind davon sehr fasziniert. Vielfach laufen Kommunikations- und Gruppenprozesse über diese Medien. Es geht häufig um neue Wege, das soziale Netzwerk mit Gleichaltrigen zu pflegen. Es ist daher für Kinder und Jugendliche, aber auch für Eltern wichtig, sich eine gute Medienkompetenz anzueignen. Gleichzeitig ergibt sich ein Lernfeld für Erwachsene, in dem diese auch von Jugendlichen profitieren können.

Medienkompetenz wird bereits in der Schule vermittelt und ist aus dem Unterricht, speziell in den höheren Klassen, nicht mehr wegzudenken. Zusätzliche Angebote sind eine sinnvolle Ergänzung.

Trotzdem muss der Umgang mit Medien in der Freizeit geübt werden. Einerseits sind sie Hilfsmittel beim Lernen, andererseits wird damit auch viel wertvolle Zeit, die für wichtige und sinnvolle Aktivitäten genutzt werden kann, vergeudet.

In manchen Familien dienen sie dazu, um den Eltern etwas Ruhe und Erholungszeit zu verschaffen. Allerdings sollte die Tochter oder der Sohn nicht samt Smartphone und Computer in das Zimmer verbannt werden. Das mag zwar kurzfristig entlastend sein, aber langfristig kann es dazu kommen, dass sie sich nur mehr schwer von diesen Medien lösen können und die direkte Kommunikation mit der Familie und Freunden immer weniger stattfindet.

Je jünger die Kinder und Jugendlichen sind, umso mehr sollten Vereinbarungen bezüglich Nutzungszeiten und auch Inhalten getroffen werden, die mit steigendem Alter erweitert werden können. Wie Studien belegen, steht die Darstellung von Gewalt in Videos in einem eindeutigen Zusammenhang zu aggressivem Verhalten. Deshalb sind auch hier Schutzgrenzen nötig.

Alle erworbenen Fertigkeiten in Bezug auf Kommunikations- und Konfliktlösungstechniken sind bei Gesprächen über die Mediennutzung einzusetzen. Grenzen sind sinnvoll zu ziehen und dem Alter entsprechend zu erweitern.

In Bezug auf die Mediennutzung gilt ein Sprichwort: „Die Dosis macht das Gift!" Daher ist es so wichtig, den richtigen Umgang mit Medien zu lernen, um sie einerseits sinnvoll zu nutzen und andererseits Schädigungen zu vermeiden. Auch hier ist vorbildhaftes Verhalten von Seiten der Eltern nötig.

Einschlägige Websites von staatlichen Stellen wie etwa dem Familienministerium bieten Wissen und geben wertvolle Hinweise.

6.3 Aggressivität

Durch die bereits oben beschriebenen körperlichen Veränderungen, besonders aber durch die Umstellung des Hormonhaushalts, vor allen Dingen bei Buben/Jungen durch den Testosteronschub, kann es immer wieder zu aggressiven Ausbrüchen kommen. Hier ist Abwarten die beste Strategie. Es kann bis zu einer Woche dauern, bis sich der Hormonhaushalt nach einem Testosteronschub wieder normalisiert.

Jugendliche verfügen bereits über Bewältigungsstrategien. Eine Frage, was in so einer Situation guttun würde, kann auch gestellt werden. Regelmäßige Bewegung und sportliche Aktivitäten, besonders wenn sie gemeinsam mit einer Freundin, einem Freund ausgeübt werden, können helfen.

Übermäßige Aggression, besonders wenn sie gegen andere Personen gerichtet ist, kann nicht toleriert werden. Hier sollte mit den Regeln von „Grenzen setzen" gearbeitet werden.

Liebe Eltern! Versuchen Sie, ruhig zu bleiben und Aggression nicht mit Gegenaggression zu beantworten. Das führt nur in eine Aggressionsspirale, aus der es schwierig wird, wieder herauszukommen. Dazu passende Strategien finden Sie im Kapitel „Bewältigungsstrategien" dieses Buches.

6.4 Lernprobleme

Wie bereits im Kapitel 4.3. „Umgang mit und Akzeptanz von psychologischen Veränderungen" beschrieben, kann es zu einem pubertären Leistungsabfall in Bezug auf die schulischen Leistungen kommen. Belastungen der Pubertät mit dem Wunsch nach Eigenverantwortlichkeit sowie Selbstständigkeit und anderen Entwicklungsaufgaben fallen hier in ungünstiger Weise zusammen. Für viele ist der stärkere soziale Wettbewerb unter Gleichaltrigen eine zusätzliche Herausforderung. Vor diesem Hintergrund nimmt die aus eigenem Antrieb gesteuerte Lernmotivation ab.

Geduld ist angebracht. Unterstützungsleistungen sind sinnvoll, etwa die Organisation von Nachhilfestunden, besonders aber die Weiter- bzw. Ausbildung von individuellen, an persönlichen Stärken und Schwächen ausgerichteten Lernstrategien.

Einen zusätzlichen Motivationsschub können auch bereits vorhandene Berufsvorstellungen und Berufswünsche liefern. Deshalb ist die Beschäftigung mit diesbezüglichen Perspektiven für die Zukunft wichtig und sollte von den Eltern bestmöglich unterstützt werden.

Die Vorbildwirkung der Eltern ist nicht zu unterschätzen. Gerade in Bezug auf Lernkompetenzen sollten Eltern Vorbild sein. Lebenslanges Lernen und Weiterentwicklung mit all den damit verbundenen Mühen, aber auch Erfolgserlebnissen wirken motivierend auf die Kinder und Jugendlichen.

6.5 Ordnung halten

Kinder und Jugendliche in der pubertären Entwicklungsphase transportieren die Unordnung, die in der eigenen Psyche und im Gehirn herrscht, nach außen. Ordnung ist unwesentlich, sie haben andere Sorgen und Probleme und reagieren mit Unverständnis, wenn von Seiten der Eltern Appelle kommen, doch ordentlicher zu sein. Oft kommen sie dann auch noch mit dem gängigen Sprichwort: „Wer Ordnung hält, ist nur zu faul zum Suchen!". Und genau das kann man für eine Erziehungsmethode nützen: An den Folgen und Auswirkungen lernen lassen. Beteiligen Sie sich nur in äußersten Notfällen an Suchaktionen, ansonsten sparen Sie sich die Energie. Ordnung ist dazu da, um einen guten Überblick bewahren zu können und um nicht unnötige Zeit zum Suchen zu verschwenden. Kinder und Jugendliche lernen schnell, wenn sie liebgewonnene Dinge nicht mehr finden.

Das eigene Zimmer, der eigene Bereich ist der persönliche Rückzugsraum von Pubertierenden. Sie reagieren meistens sehr aggressiv, wenn ihre Privatsphäre verletzt wird. Insofern sollte nur nach Wunsch und nach einer Vereinbarung eine gemeinsame Aufräumaktion durchgeführt werden.

Anders ist es mit den anderen Räumlichkeiten der Wohnung oder des Hauses. Die müssen von allen Familienmitgliedern benutzt werden und alle sollen sich darin wohl fühlen. Das sind sozusagen die „offiziellen" Räume der Familie. Sollten die Kinder und Jugendlichen ständig etwas liegen lassen oder Unordnung hinterlassen, kann eine Verhandlungslösung wie im Kapitel 5.9. „Die eigenen Konflikt- und Problemlösetechniken hinterfragen und weiterentwickeln" beschrieben, helfen. Ein diesbezüglicher Vorschlag sowie eine praktikable Lösung wäre, für jedes Kind und Jugendlichen im offiziellen Wohnbereich einen Korb bereit zu stellen, in den herumliegende Sachen gelegt werden. Und dieser Korb wird zu einem vereinbarten Zeitpunkt in das Zimmer bzw. den abgegrenzten Wohnbereich der Jugendlichen, des Jugendlichen getragen und ausgeräumt.

> Elternfrage: *Mein Kind liebt das Chaos, zusammenräumen ist gefolgt mit Murren und mieser Laune.* (Altersangabe: 9 Jahre)
>
> Empfehlung: Vereinbarungen für den offiziellen Wohnraum und das eigene Zimmer bzw. den abgegrenzten Wohnbereich (Bett, Kasten, Schreibtisch) treffen (Verhandlungslösung). Bei Zielerreichung einen wertschätzenden Kommentar abgeben. Anerkennung zeigen, in welcher Form auch immer.

6.6 Geschwisterstreit

Geschwisterstreit ist keine vorübergehende Entwicklungsphase, sondern ein Dauerzustand. Er ist ein wichtiges Übungsfeld für soziales Verhalten. Besonders in der Pubertätsphase nimmt er zu. Da Geschwister mehr oder weniger gezwungen sind, miteinander auszukommen, sind derartige Streitereien besonders heftig. Geschwister können sich ja nicht einfach aus der Geschwisterbeziehung zurückziehen. Freundinnen und Freunde verabschieden sich immer wieder, Freundschaften gehen auseinander. Die räumliche Nähe zu Freundinnen und Freunden ist auch nicht in derselben Form gegeben.

Die Geschwisterbeziehung ist in der Regel die längste Beziehung, die ein Mensch hat.

Liebe Eltern! Falls Sie selbst Geschwister haben, fallen Ihnen sicher positive Effekte von Geschwisterstreit ein. Was haben Sie durch Ihre Geschwister gelernt?

> ✎ Positive Effekte von Geschwisterstreit:

Reflexionsbogen als Download unter
www.lebensbegleitung.at oder www.familienbegleitung.at

Der psychologische Hintergrund von Geschwisterstreit ist der Kampf um die Liebe der Eltern. Kinder und Jugendliche wollen aber nicht, dass das Geschwisterkind weniger geliebt wird – sie wollen nur selbst genug Liebe bekommen! Geschwister vergleichen sich immer wieder untereinander. Sie haben häufig gleichzeitig positive und negative Gefühle dem Geschwisterkind gegenüber. Das verwirrt sie und erklärt zum Teil auch die häufig unverständlichen Reaktionen auf Aussagen und Taten von Geschwistern.

Welche Haltungen und Maßnahmen sind hilfreich?

- Die Einmaligkeit und Prozesshaftigkeit, das heißt die Veränderbarkeit von Beziehungen beachten.
- Den Konkurrenzkampf und Wettbewerb nicht verstärken und für Erziehungsmaßnahmen ausnützen.
- Jedes Kind als eigene, individuelle Persönlichkeit betrachten und wertschätzen.
- Die Kinder nicht vergleichen – jedes Kind ist einmalig. Vergleiche fördern die gegenseitige Abneigung.
- Die Kinder nicht gegeneinander ausspielen.
- Jedem Kind das nötige Maß an Zuwendung geben, welches es zum jeweiligen Zeitpunkt braucht.
- Den persönlichen Bereich und persönlichen Besitz für jedes Kind (und die Eltern) definieren.
- Trennung des persönlichen Besitzes in bestimmte, abgesprochene Bereiche, wie zum Beispiel das eigene Zimmer, die eigene Ecke, das eigene Bett, der eigene Kasten.
- Nicht alles gemeinsam machen.
- Konfliktlösungsfähigkeiten einüben und fördern.
- Verhandlungslösungen erarbeiten.
- Wenn nötig, räumliche Trennung.
- Wenn nötig, entsprechende Grenzen setzen.

Liebe Eltern! Ja, auch wenn Geschwisterstreit mühsam und schwer auszuhalten ist: Machen Sie sich immer wieder die Entwicklungsschritte bewusst, welche durch Geschwisterstreit gemacht werden, wie zum Beispiel Erhöhung der Sozialkompetenz und der Frustrationstoleranz!

<u>Elternfrage</u>: *Konkurrenz mit 2 Jahre jüngerer Schwester betreffend Schule, Arbeiten im Haushalt* (Angabe zum Kind: 13 Jahre, Tochter)

<u>Empfehlung</u>: Die Kinder nicht verbal miteinander vergleichen. Positive Rückmeldungen an jedes einzelne Kind. Freizeitaktivitäten immer wieder einmal mit einem Kind allein durchführen.

<u>Elternfrage</u>: *Geschwister streiten, „starke" Schimpfwörter, werden handgreiflich, soll ich mich einmischen?* (Angabe zu den Kindern: Mädchen 11 Jahre alt, Bub 14 Jahre alt)

<u>Empfehlung</u>: Trennung in bestimmte, abgesprochene Bereiche, wie zum Beispiel das jeweilige Zimmer. Freizeitaktivitäten nicht immer gemeinsam machen, sondern auch einmal mit jeweils einem Kind. Grenzen setzen.

<u>Elternfrage</u>: *„Du liebst meinen Bruder mehr als mich..."* (Angabe zu dem Kind: 13 Jahre)

<u>Empfehlung</u>: Freizeit mit jeweils einem Kind verbringen. Versicherung, dass das Kind so geliebt wird, wie es ist. Keine Vergleiche unter den Geschwistern. Jedes Kind hat seine Stärken und Schwächen!

6.7 Mobbing

Das Wort Mobbing wurde aus der englischen Sprache übernommen: „to mob" und heißt schikanieren und anpöbeln. Mit Mobbing kann jedes Kind, jede Jugendliche, jeder Jugendliche befasst sein, ob als Opfer, als Täterin und Täter oder als Zuschauerin und Zuschauer. Die genaue Begriffsbestimmung von Mobbing lautet: Belästigung und Ausgrenzung. Schikanen treten systematisch, wiederholt und über einen längeren Zeitraum auf, zum Beispiel über ein halbes Jahr. Es erfolgt eine tückische oder direkte Machtausübung über andere Personen. Von Mobbing wird erst dann gesprochen, wenn die Drangsalierungen über einen längeren Zeitraum ausnahmslos eine Person treffen. Einmalige Ereignisse sind damit nicht gemeint. Der Unterschied zu Streit ist, dass beim Streit zwei, manchmal mehrere in etwa gleich starke Gegner in einem kurzen Zeitabschnitt einen Konflikt austragen.

Da Mobbing keine eigene, durch die persönliche Eigenart geprägte, sondern eine soziale und gesellschaftliche Erscheinung ist, kann jedes Kind, jede Jugendliche und jeder Jugendliche Opfer von Mobbing werden. Eher unwahrscheinlich ist aber, dass Kinder und Jugendliche mit einem guten Selbstwertgefühl selbst zu Mobberinnen und Mobbern werden. Die Schülerinnen und Schüler einer Schulklasse sind in unterschiedlichen Rollen in Mobbingvorgänge involviert: Mobberinnen/Mobber, Opfer, Mitläuferinnen/Mitläufer und Zuschauerinnen/Zuschauer. Eher selten gibt es Unwissende.

Erscheinungsformen von Mobbing

Von Mobbing spricht man, wenn über einen längeren Zeitraum folgende Dinge zu beobachten sind:

Über eine Schulkollegin, einen Schulkollegen wird ständig hinter ihrem bzw. seinem Rücken schlecht geredet und es werden Unwahrheiten und Gerüchte verbreitet. Mitschülerinnen und Mitschüler machen verletzende Andeutungen und Anspielungen, flüstern, verleumden und provozieren das Mobbingopfer.

Über persönliche Eigenheiten wie Körperformen, die Nase, die Frisur, das Sprechverhalten oder eine Behinderung macht man sich lustig. Die Mitschülerin, der Mitschüler, das Gruppenmitglied wird ständig als dumm hingestellt, beschimpft, beleidigt, bedroht und unter Druck gesetzt – ohne oder mit Waffen.

Aus gemeinsamen Gruppenaktivitäten werden Mobbingopfer ausgeschlossen, der Kontakt wird nach und nach von den Gruppenmitgliedern abgebrochen. Mitschülerinnen und Mitschüler, die Beistand leisten wollen, werden unter Druck gesetzt, die Verbindung abzubrechen.

Im Unterricht werden sie vor anderen lächerlich gemacht, zum Beispiel beim Lösen einer Aufgabe an der Tafel. Bei Gruppenarbeiten finden sie schwer eine Gruppe, bei der sie mitmachen können.

Die betroffenen Kinder und Jugendlichen werden durch herabsetzende und verletzende Worte und Zeichnungen auf Zetteln, in Briefen oder E-Mails, durch Nachrichten auf dem Smartphone oder der Verbreitung von Unwahrheiten und/oder herabwürdigenden Fotos und Filmen in sozialen Netzwerken und Video- und Foto-Sharing-Plattformen gedemütigt.

Schulsachen wie Hefte und Materialien verschwinden oder werden beschädigt. Persönliche Gegenstände wie Kleidungsstücke, Schulrucksack und Fahrrad werden versteckt oder kaputt gemacht.

Körperliche Übergriffe wie anrempeln, stoßen, schlagen, treten, ein Bein stellen und ungewollte Berührungen sind an der Tagesordnung, Verletzungen werden zugefügt. Es kommt zur Erpressung von Geld oder anderen Leistungen. Mitschülerinnen und Mitschüler werden zu aggressiven Taten ermuntert und angestachelt.

Folgen von Mobbing

Die Folgen von Mobbing können schwerwiegend sein, wie das teilweise massive Nachlassen der Leistungsfähigkeit, die Beeinträchtigung bis hin zum Abbruch der sozialen Kontakte, Gefühle von Ohnmacht und Hilflosigkeit sowie eine enorme Schwächung des Selbstwertgefühls. Durch die Abwertung des Kindes, der Jugendlichen, des Jugendlichen leidet das soziale Ansehen.

Mögliche gesundheitliche Beeinträchtigungen

Bauch- und Kopfschmerzen, Unwohlsein, allgemeine Schwächegefühle, Appetitlosigkeit, Müdigkeit und eine allgemeine Antriebslosigkeit können Folgen von Mobbing sein. Eine medizinische Abklärung ist unbedingt nötig!

Wie kann Mobbing erkannt werden?

Das Kind, die Jugendliche oder der Jugendliche kommt wiederholt bedrückt und/oder schlecht gelaunt nach Hause und trifft sich nicht mehr mit Freundinnen und Freunden. Einladungen zu Geburtstagsfeiern oder gemeinsamen Aktivitäten mit Schulkolleginnen und Schulkollegen bleiben aus, das betroffene Kind bzw. die Jugendlichen wollen selbst niemanden mehr einladen. Der Kontakt zu Gleichaltrigen geht verloren.

Ungewöhnliche Verhaltensweisen wie zum Beispiel häufiger Rückzug ins Zimmer und ungewöhnlich hoher Medienkonsum werden gezeigt. An bisher geliebten Freizeitbeschäftigungen besteht kein Interesse mehr. Schlechte Laune und aggressives Verhalten, zum Beispiel gegenüber Geschwistern, nimmt zu. Mobbingopfer wirken unsicher, das Selbstwertgefühl sinkt.

Die Betroffenen wollen nicht mehr in die Schule gehen, entwickeln Schulangst und schwänzen auf Grund des hohen Leidensdruckes die Schule. Es erfolgt ein starker Abfall bei den schulischen Leistungen.

Gemobbte Kinder und Jugendliche weigern sich, mit dem Bus oder der Bahn zur Schule zu fahren, weil sie dort schikaniert werden. Sie kommen mehrmals mit beschädigter Kleidung oder kaputten Schulsachen nach Hause und verlieren angeblich immer wieder Geld.

Körperliche Beschwerden nehmen zu, wie zum Beispiel Bauch- oder Kopfschmerzen, Unwohlsein, allgemeine Schwächegefühle, Appetitlosigkeit, Müdigkeit und Antriebslosigkeit. Die Symptome treten meistens am Sonntagabend oder kurz vor Schulbeginn auf.

Zu berücksichtigen ist: Die angeführten Punkte können auch andere Hintergründe haben. Daher ist eine medizinische, pädagogische und psychologische Abklärung nötig!

Weshalb wird jemand zur Mobberin, zum Mobber?

Die Gründe, weshalb ein Kind, eine Jugendliche oder ein Jugendlicher zur Mobberin, zum Mobber wird, sind vielfältig.

Eine geringe soziale und emotionale Kompetenz ist feststellbar sowie ein schlechtes Selbstwertgefühl und Gefühle der Minderwertigkeit, welche durch Mobbingverhalten ausgeglichen werden.

Neid, Missgunst und Gefühle der Benachteiligung sind vorhanden und werden durch das Schikanieren der Opfer wettgemacht. Positive Gefühle werden daraus gezogen, die Mobberin bzw. der Mobber fühlen sich stark und mächtig, wenn sie Mitläuferinnen oder Mitläufer haben.

Maßnahmen

Da Mobbing eine sehr schwierige und belastende Situation für die ganze Familie hervorrufen kann, sollen Maßnahmen genau überlegt werden. Die Hinweise auf eine Mobbingsituation eines betroffenen Kindes bzw. Jugendlichen sind ernst zu nehmen und Unterstützung soll angeboten und gegeben werden.

Beim Verdacht auf Mobbing ist das Gespräch mit dem Kind bzw. Jugendlichen die erste Handlungsoption. Dabei sollte ein gutes Kommunikationsverhalten angewendet werden. Gemeinsam mit dem Kind, der Jugendlichen, dem Jugendlichen kann eine weitere Vorgangsweise festgelegt werden. Keine, nicht mit der Betroffenen, dem Betroffenen abgesprochene Maßnahmen setzen. Dies würde zu einem Vertrauensverlust führen.

Wichtig ist, zum Aufbau und Stärkung des Selbstwertgefühls des Kindes beizutragen. Das Selbstwertgefühl kann sowohl durch sportliche Aktivitäten, einem Hobby, gute schulische Leistungen und die Förderung von außergewöhnlichen Begabungen, als auch durch förderliche Kommentare und Sichtweisen im Hinblick auf das Verhalten und die gezeigten Leistungen der Kinder bzw. Jugendlichen gestärkt werden.

Eine weitere Maßnahme ist, dem Kind und sich selbst aufgestaute Wut bewusst zu machen und mit Wut und Aggression umgehen zu lernen. Weitere Hinweise dazu sind im Kapitel „Bewältigungsstrategien" zu finden.

Zusätzlich dazu kann versucht werden, einen Perspektivenwechsel durchführen. Das heißt, positive und gelungene Interaktionen und Beziehungen sowie Stärken und besondere Begabungen gemeinsam zu suchen und hervorzuheben.

Selbstsicheres Auftreten und Grenzen setzen spielerisch trainieren, ist ebenso eine Möglichkeit, das eigene Selbstbewusstsein zu bestärken. Eine Möglichkeit hierzu ist beispielsweise der Besuch eines Kurses zur Selbstverteidigung.

Ein Gefühl der Sicherheit ist ebenso wichtig, um selbstbewusst auftreten zu können.

Was gibt Sicherheit?
Wenn gute Beziehungen vorherrschen, geben die Familie und Verwandte Sicherheit. Kleidung, in der sich das Kind, die Jugendliche, der Jugendliche wohlfühlt, tragen zu mehr Selbstsicherheit im Auftreten bei. Eine Wohnung bzw. ein Zimmer, in das sich das Kind, die Jugendliche, der Jugendliche zurückziehen kann, dienen der Entlastung.

Positive Freundschafts- und Gruppenerfahrungen in vertrauter Umgebung tragen zur Bewältigung von Mobbingerfahrungen bei. Bücher zum Thema für Kinder und Jugendliche sind eine Informationsquelle und bieten Vorgehensweisen gegen Mobbing an.

In Absprache mit dem Kind bzw. der Jugendlichen, dem Jugendlichen soll der Kontakt mit der zuständigen Klassenlehrerin, dem zuständigen Klassenlehrer, mit der Schule aufgenommen werden. Weiters ist es sinnvoll, professionelle Hilfe in Anspruch zu nehmen.

Liebe Mutter, lieber Vater!
Mobbing ist ein sehr ernstes Thema. Dahinter stehen viele Leiderfahrungen von Kindern und Jugendlichen, aber auch von Eltern. Nehmen Sie dieses Thema ernst und holen Sie sich gegebenenfalls professionelle Unterstützung! Hilfreich können auch Bewältigungsstrategien sein, welche ich im folgenden Kapitel vorstelle.

7 Bewältigungsstrategien

Liebe Eltern!
Eine Mutter stellte einmal die Frage: „Wie kann ich mein Mutterenergietöpfchen wieder auffüllen? Ich fühle mich oft so ausgelaugt, am Ende, überlastet."
Ja, Mutterenergietöpfchen, Vaterenergietöpfchen... - eine gute Frage, wie das aufzufüllen ist. Gerade jetzt, wo Mütter und Väter meistens sowohl im Beruf als auch in der Familie enorm herausgefordert sind.
In der folgenden Diskussion meinte eine Mutter, dass es wohl besser sei, es nie ganz leer werden zu lassen. Ja, dieser Meinung kann ich mich nur anschließen.
Seitdem sammle ich mit den Eltern Bewältigungsstrategien.

Mit jüngeren Kindern können manche Bewältigungsstrategien gemeinsam gemacht werden, mit Beginn der Pubertät ist das meistens nicht mehr möglich und ratsam.

Und ganz wichtig: Bewältigungsstrategien sollten so gewählt werden, dass sie überwiegend positive Effekte haben und nicht größere Probleme mit verursachen. Zum Beispiel kann es für eine Mutter, einen Vater eine entlastende und deshalb oft durchgeführte Strategie sein, die Tochter oder den Sohn anzuschreien. Die Wut ist heraussen, die Mutter/der Vater fühlt sich besser. Aber welche Strategie wird dann angewandt, wenn die Tochter oder der Sohn plötzlich lauthals zurückschreit und es zur Eskalation kommt? Wie setze ich dann eine Grenze? Oder will ich ein Kommunikationsverhalten, wo es üblich ist, dass man sich gegenseitig anschreit und Schimpfwörter an den Kopf wirft? Und was würde das für die Entwicklung der Jugendlichen bedeuten? Könnten sie dazu verleitet werden, andere Erwachsene wie etwa die Lehrerin, den Lehrer, einfach auch wutentbrannt anzuschreien, weil das allgemein gültig und gewohnt ist?

Wie kann ich in diesem Fall Grenzen setzen und wie erkläre ich diese Grenzen einem kritischen Kind oder Jugendlichen?

Bei Bewältigungsstrategien ist immer auch die Vorbildwirkung zu bedenken und auch: „Tue ich mir wirklich etwas Gutes oder tue ich mir nur vordergründig etwas Gutes mit negativen Folgen?"

Liebe Mutter, lieber Vater! Vergessen Sie nicht: Das beste und wichtigste Werkzeug für die Aufgabe als Mutter oder Vater sind sie selbst! Und deshalb bedarf es guter Strategien, um mit schwierigen Fragestellungen, Stress und Belastungen umzugehen. Im folgenden Abschnitt stelle ich einige dieser Strategien, die zur Bewältigung des Lebens im Alltag mit pubertierenden Kindern und Jugendlichen dienen, vor.

7.1   Wissenserweiterung

Häufig genügt zur Beruhigung der Eltern, wenn sie wissen, dass verschiedene Verhaltensweisen in der Pubertät nicht außergewöhnlich sind. Informationen können auf unterschiedlichste Art und Weise eingeholt werden zum Beispiel durch das Thema betreffende Zeitschriften, Bücher, gute Internetportale und/oder qualitativ hochwertige Weiterbildungsangebote.

Liebe Eltern! Ich empfehle immer wieder, auch einmal ein entwicklungspsychologisches Sachbuch als Informationsquelle zu nutzen. Manche Informationen und Erkenntnisse relativieren die Sorgen über das Verhalten der Jugendlichen.

7.2 Professionelle Hilfe

Handlungsbedarf bei besonderen Herausforderungen
Wie bereits mehrmals erwähnt, kann es bei bestimmten Verhaltensweisen wie zum Beispiel selbstschädigendem Verhalten oder länger andauernden physischen und/oder psychischen Auffälligkeiten nötig sein, fachkundige Hilfeleistung zu organisieren. Erste Ansprechpartnerin, erster Ansprechpartner kann eine Person des eigenen Vertrauens aus folgenden Berufsgruppen sein: Lehrerin/Lehrer, Schulärztin/Schularzt, Schulsozialarbeiterin/Schulsozialarbeiter, Fachpersonal in Erziehungsberatungsstellen und der Jugendwohlfahrt, Psychologinnen/Psychologen, Pädagoginnen/Pädagogen, Sonder- und Heilpädagoginnen/Sonder- und Heilpädagogen, Hausärztin/Hausarzt, Kinderärztin/Kinderarzt, Kinder- und Jugendpsychiaterin/Kinder- und Jugendpsychiater, Psychotherapeutin/Psychotherapeut.

Sollten Sie, liebe Eltern, beobachten, dass ihr Kind sehr niedergeschlagen ist oder sonstige Auffälligkeiten über einen Zeitraum von mehreren Monaten bis zu maximal einem halben Jahr zeigt, so ist fachliche Hilfe angeraten. Haben Sie keine Scheu und holen Sie sich Hilfe!

Noch ein Hinweis und zu beachten ist: Um der zusätzlichen, oft unterschätzten Belastung durch Fragen und Kommentaren von Schulkolleginnen und Schulkollegen, Nachbarn, Verwandten und anderen Personen zu entgehen, kann es angebracht sein, Hilfe im Nachbarort oder in einer größeren Stadt zu suchen. Jugendliche wollen häufig unter keinen Umständen in der Heimatgemeinde oder an ihrem Schulort, wo sie von Gleichaltrigen gesehen werden könnten, Hilfestellung annehmen.

Da es für Mütter und Väter zu sehr belastenden Situationen im Umgang und Zusammenleben mit pubertierenden Kindern und Jugendlichen kommen kann, sollte auch diesbezüglich rechtzeitig daran gedacht werden, auch für sich selbst professionelle Unterstützung zu organisieren.

Sehen Sie es auf keinen Fall als eigene Schwäche oder Erziehungsversagen an, sich Hilfe zu holen. Sondern als Bewältigungsstrategie, Kompetenz und Stärke!

7.3 Kompetenzverbesserung

Der Lebensabschnitt, in dem man mit pubertierenden Kindern und Jugendlichen zu tun hat, kann eine gute Gelegenheit sein, die eigenen Fähigkeiten in unterschiedlichen Bereichen zu verbessern. Die Kinder und Jugendlichen fordern das auch häufig, da sie selbst immer wieder dazu angehalten werden.

Die eigenen Fähigkeiten sollten besonders in Bezug auf das Kommunikationsverhalten, Konfliktlösungstechniken, Vereinbaren von Verhandlungslösungen, Lernstrategien und Entscheidungsfindungstechniken trainiert und erweitert werden. Alle genannten Kompetenzen sind auch im Berufsleben brauchbar und von Vorteil!

7.4 Prioritäten setzen

Liebe Mutter, lieber Vater! Gerade in einer so herausfordernden Zeit wie die Pubertät der eigenen Kinder ist es wichtig, gut mich sich und seinen Kräften umzugehen. Man tut gut daran, sich Gedanken über die zu setzenden Prioritäten zu machen.

Stellen Sie sich immer wieder folgende Fragen zum Thema Prioritäten setzen:
<u>Was ist in dieser Umbruchszeit wirklich wichtig und wesentlich, was ist vorrangig?</u>

Bewältigungsstrategien

Besinnung auf die eigenen Ziele, auch Erziehungsziele. Welche sind das?

✎

Besinnung auf wesentliche Lebensinhalte, wie z.B. Gesundheit. Welche sind das?

✎

Welche beruflichen Ziele und Belastungen gibt es und wie kann ich hier Prioritäten setzen?

✎

Welche familiären Belastungen (z. B. zu pflegende Angehörige) gibt es und wie kann ich gut damit umgehen?

Ist es sinnvoll, in dieses Problem meine Energie zu investieren oder ist sie woanders besser genützt?

Welche Anliegen vertrete ich selbst, welche werden an mich herangetragen, von wem und weshalb?

Reflexionsbogen als Download unter
www.lebensbegleitung.at oder www.familienbegleitung.at

7.5 Perspektivenwechsel

Ein Perspektivenwechsel kann durchgeführt werden, indem gelernt wird, positive Gegebenheiten und Ereignisse zu sehen, zu beachten und wertzuschätzen.

Zum Beispiel: Was wurde in der Erziehung und Entwicklung des Kindes, der Jugendlichen, des Jugendlichen bereits erreicht?

Die Lebensrelevanz hinterfragen: Wenn ich auf das gesamte Leben blicke, wie wichtig ist dieses Problem oder dieser Konflikt wirklich?

Sich die Frage stellen: Was kann ich in dieser Situation von den Kindern und Jugendlichen lernen?

Reflexion zur Selbstermutigung:

Was finde ich gut an mir als Person?

Was finde ich gut an mir als Erzieherin/Erzieher?

Was finde ich gut an meinem Kind bzw. meinen Kindern?

Reflexionsbogen als Download unter
www.lebensbegleitung.at oder www.familienbegleitung.at

7.6 Aggressionsabbau

Durch das zeitweise sehr provokante Verhalten von Pubertierenden kann es bei Eltern durch negative Gefühle und Frustration zu aufgestauter Aggression kommen.

Diese Aggression kann durch diverse Reaktionsweisen und Körperübungen abgebaut werden:

- Einen Ortswechsel durchführen.
- Um das Haus gehen, spazieren gehen.
- Ein Lauftraining absolvieren.
- Eine Runde Nordic-Walking machen.
- Eine körperlich anstrengende Arbeit erledigen.
- Im Garten arbeiten.
- Schreiübungen im Keller oder im Auto.
- Steine mit aller Kraft in einen Bach oder See werfen.
- Musik hören und dabei tanzen, den Ärger und Frust hinaustanzen.
- Begebenheiten und Vorfälle niederschreiben.
- Diverse Entspannungsübungen machen.

7.7 Entlastungsübungen

Von Vorteil ist, wenn bereits eingeübte Methoden und Strategien vorhanden sind, bevor es zu einer Überbelastung kommt.

Beim Auftreten von Überlastungsgefühlen können folgende Übungen hilfreich sein:

Atemübung „Belastung hinaus"
Sich leicht nach vorne gebeugt hinstellen, ausatmen bis keine Luft mehr in der Lunge ist, auf den Boden vor sich hin atmen,
erst einatmen, wenn der Körper von selbst einatmet.
Sich dabei vorstellen, wie alles Belastende aus dem Körper geatmet wird. Mehrmals wiederholen.
Zeitaufwand: 5 Minuten

Atemübung „Seufzen"
Gleich wie die Atemübung, zusätzlich wird beim Ausatmen laut geseufzt. Mehrmals wiederholen.
Zeitaufwand: 5 Minuten

Atemübung „Ärger hinaus"
Auf den Boden hin ausatmen, dabei denken: Ärger hinaus,
einatmen, dabei denken: Energie herein.
Auf den Boden hin ausatmen, dabei denken: Wut hinaus,
einatmen, dabei denken: Freude herein. Mehrmals wiederholen.
Zeitaufwand: 5 Minuten

Meditationsübung „Gedanken"
Entspannt auf einem Sessel sitzen oder eine gewohnte Meditationshaltung einnehmen, die Augen sind geschlossen. Die aufsteigenden Gedanken beobachten: Gedanken kommen, Gedanken gehen und sich dabei vorstellen, wie die Gedanken von links kommen und nach rechts hinuntergehen und ihnen dabei zusehen.
Zeitaufwand: 10 Minuten

Visualisierungsübung „Mein Kraftplatz"
Sich in der Realität einen „Kraftplatz" in der Natur, im Garten, an einem liebgewonnenen Ort suchen und dort die Umgebung immer wieder intensiv in sich aufnehmen. In stressreichen Situationen kann die Erinnerung abgerufen werden, die gleichen Gefühle stellen sich ein, als ob man sich am „Kraftplatz" befinden würde.
Zeitaufwand: 10 Minuten

7.8 Bewegung und Sport

Eine der am einfachsten und schnellsten umsetzbaren Bewältigungsstrategien ist Bewegung und Sport. Gymnastik oder ein Spaziergang, eine Wanderung und diverse andere Bewegungs- und Sportarten entlasten. Sport ist eine sehr gute Bewältigungsstrategie, da zusätzlich zum Stressabbau noch andere Fähigkeiten trainiert werden wie Ausdauer, Durchhaltevermögen, Zielstrebigkeit und Frustrationstoleranz. Die Vorbildwirkung für Kinder und Jugendliche ist ebenfalls gegeben.

7.9 Kommunikationsmöglichkeiten nutzen

Das Gespräch über Erziehungsprobleme kann eine hilfreiche Möglichkeit sein, mit Belastungen umzugehen:

- Aussprechen: Mit der Partnerin, dem Partner, mit der Freundin, dem Freund, der Mutter, dem Vater und/oder anderen Vertrauenspersonen.
- Entweder direkt oder mit Hilfe von Telefon oder anderen elektronischen Medien.
- Eine Veranstaltung wie beispielsweise eine Selbsthilfe- oder Eltern-Kind-Gruppe mit Gleichgesinnten und Gleichbetroffenen besuchen.
- Ein Gespräch mit einer fachlich ausgebildeten Person ist ebenfalls eine gute und empfehlenswerte Bewältigungsstrategie.

Liebe Mutter, lieber Vater! Das sind einige der Bewältigungsstrategien, die ich immer wieder selbst anwende und auch weiterempfehle. Viele positive Rückmeldungen zeugen von ihrer Wirksamkeit. Im nächsten Kapitel werden die von Eltern am häufigsten genannten und verwendeten Bewältigungsstrategien aufgezählt. Vielleicht ist die eine oder andere passende für Sie dabei!

7.10 Weitere Bewältigungsstrategien

Von Eltern am häufigsten genannte Bewältigungsstrategien sind:

- Auszeit
- Musik hören
- Bewegung, Laufen, Sport
- Versuchen, gelassen zu bleiben
- Information, Wissen
- Raus gehen, weggehen
- Durchatmen
- Humor
- Schreien

- Grenzen setzen
- Mit Freunden reden/mit einer vertrauten Person reden
- Eigenerfahrungen nicht vergessen
- Schlafen
- Reden
- Ursache suchen
- Abstand

Weitere von Eltern genannte Bewältigungsstrategien finden Sie unter www.lebensbegleitung.at oder www.familienbegleitung.at.

Nachwort und Ausblick

Liebe Mutter, lieber Vater!

Jede Erziehungs- und Familiensituation ist einmalig. Deshalb: Passt das Geschriebene auch für mich und meine Situation? – Diese Frage sollten Sie sich immer wieder stellen. Die Inhalte des Buches sind praxiserprobt und durch viele positive Rückmeldungen während vieler Elternbildungsreihen, die den Vorteil haben, dass ich sofort Rückmeldungen einholen konnte, entstanden.

Von meinen Teilnehmerinnen und Teilnehmern höre ich oft, dass sie viele AHA-Erlebnisse hatten. Ich hoffe, es ist Ihnen genauso ergangen. Weiters höre ich von vielen meiner Teilnehmerinnen und Teilnehmer, dass die Erfahrung, dass sie nicht allein sind mit ihren Fragen und Problemen, sondern dass es anderen Eltern genau so geht, ein Trost ist.

Wissen ist meines Erachtens eine wichtige Bewältigungsstrategie. Deshalb ist mir auch wichtig, fundiertes Wissen zu vermitteln und Werkzeuge in die Hand zu geben, damit Erziehungsfragen selbst beantwortet und Erziehungsprobleme selbst bewältigt werden können.

Liebe Eltern, bedenken Sie Ihre Vorbildwirkung, bleiben Sie mit Ihren Kindern und Jugendlichen im Gespräch und in Kontakt, zeigen Sie Wertschätzung und Anerkennung! Und vergessen Sie nicht auf Ihre eigene Weiterentwicklung!

Gerne können Sie mit mir über meine Website sowie über meine Facebook-Seite in Kontakt treten, Ihre Meinung kundtun und Verbesserungsvorschläge einbringen. Besonders freue ich mich über konstruktive Kommentare und Rezensionen! Vielen Dank!

Herzliche Grüße aus Baden bei Wien,
alles Gute für Sie und Ihre Familie!

Gerlinde Grübl-Schößwender

Dr. Gerlinde Grübl-Schößwender
www.lebensbegleitung.at
Obfrau des Vereins für Familienbegleitung
www.familienbegleitung.at

Literatur

EUR-Lex (2016). *Lebensbegleitendes Lernen - Schlüsselkompetenzen.* Verfügbar unter https://eur-lex.europa.eu/legal-content/DE/TXT/?uri=LEGISSUM%3Ac11090 [05.10.2019]

Gerrig, R. J., Dörfler, T., & Roos, J. (2016). *Psychologie.* 20., aktual. und erweiterte Auflage. Hallbergmoos: Pearson Studium (Always learning).

Grewe W. & Thomsen T. (2018). *Entwicklungspsychologie: Eine Einführung in die Erklärung menschlicher Entwicklung.* Wiesbaden: Springer.

Jannan, M. (2009). *Das Anti-Mobbing-Elternheft. Schüler als Mobbing-Opfer – Was Ihrem Kind wirklich hilft.* 2., neu ausgestattete Auflage 2010. Weinheim und Basel: Beltz Juventa.

Jungbauer, J. (2017). *Entwicklungspsychologie des Kindes- und Jugendalters. Ein Lehrbuch für Studium und Praxis sozialer Berufe.* Weinheim und Basel: Beltz Juventa.

Pauen, S. [Hrsg.] (2016). *Entwicklungspsychologie im Kindes- und Jugendalter.* 4. Auflage. Berlin und Heidelberg: Springer.

Pinquart, M.; Schwarzer, G.; & Zimmermann, P. (2018). *Entwicklungspsychologie – Kindes- und Jugendalter.* Göttingen: Hogrefe.

Schneider, W. & Lindenberger, U. [Hrsg.] (2018). *Entwicklungspsychologie.* 8., vollständig überarbeitete Auflage. Weinheim und Basel: Beltz (vormals Oerter & Montada).

Über die Autorin

Mag.ª Dr.ⁱⁿ Gerlinde Grübl-Schößwender

Erziehungs- und Bildungswissenschafterin, Lebens- und Sozialberaterin / Psychologische Beraterin, akad. Sozial- und Heilpädagogin, Dipl. Erwachsenenbildnerin, Obfrau des Vereins für Familienbegleitung (www.familienbegleitung.at). Weiters tätig in eigener Praxis für Heilpädagogik, Lebens- und Sozialberatung / Psychologische Beratung, Supervision und Coaching (www.lebensbegleitung.at) sowie in der Erwachsenenbildung. Sie lebt in Baden bei Wien, Österreich, und ist verheiratet mit Mag. Herbert Grübl, gemeinsam haben sie eine erwachsene Tochter und einen erwachsenen Sohn.

Platz für Notizen: